5.-8. Schuljahr

Andrea Schmidt

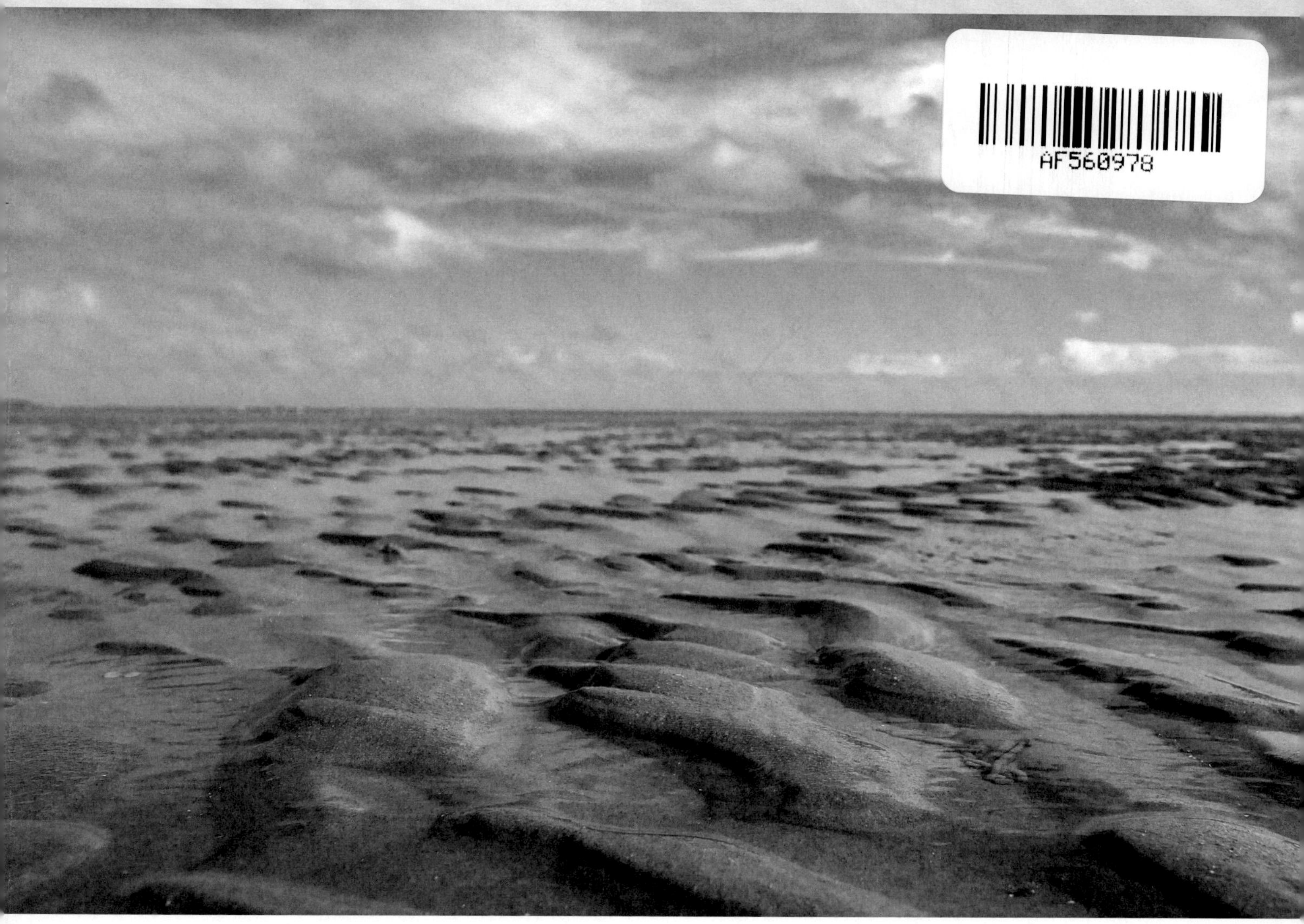

Lernwerkstatt Wattenmeer

Ein Lebensraum zwischen Ebbe & Flut

www.kohlverlag.de

Lernwerkstatt WATTENMEER
Ein Lebensraum zwischen Ebbe und Flut

7. Auflage 2024

Inhalt: Andrea Schmidt
Coverbild: © helmutvogler - fotolia.com
Redaktion: Kohl-Verlag
Grafik & Satz: Kohl-Verlag
Druck: farbo prepress GmbH, Köln

Bestell-Nr. 12 016

ISBN: 978-3-96040-166-7

Bildquellen:

Auf allen Seiten links/rechts oben: © Jeaռu - fotolia.com; Seite 6: © by-studio - fotolia.com; Seite 7: © ExQuisine - fotolia.com; Seite 11: © ExQuisine - fotolia.com; Seite 12: © Landesamt für Geoinformation und Landesvermessung Niedersachsen (LGLN); Seite 14: © Behörde für Umwelt & Energie (BUE) Freie und Hansestadt Hamburg - Amt für Naturschutz, Grünplanung & Energie; Seite 15: © Nationalverwaltung Schleswig-Holsteinisches Wattenmeer; Seite 16: © Trueffelpix - Fotolia.com; Seite 18: © Henry Czauderna - Fotolia.com; Seite 19: © lesniewski - Fotolia.com; Seite 21: © kebox - Fotolia.com; Seite 22: © Dieter Pregizer - Fotolia.com; Seite 23: © c_images - Fotolia.com; Seite 16: © Trueffelpix - Fotolia.com; Seite 18: © Henry Czauderna - Fotolia.com; Seite 19: © lesniewski - Fotolia.com; Seite 21: © kebox - Fotolia.com; Seite 22: © Dieter Pregizer - Fotolia.com; Seite 23: © c_images - Fotolia.com; Seite 27: © World travel images - Fotolia.com; Seite 30: © pia-pictures - Fotolia.com; Seite 34: © pete pahham - Fotolia.com; Seite 35: © italo_ - Fotolia.com; Seite 36: © DirkR - Fotolia.com; Seite 39: © strongrockman - Fotolia.com; Seite 46: © franke182 - Fotolia.com; Seite 50: © olehansen - Fotolia.com; Seite 51: © Friedberg - Fotolia.com; Seite 53: © animaflora - Fotolia.com; Seite 54: © World travel images - Fotolia.com; Seite 55: © Christian Colista - Fotolia.com; Seite 56: © Christian Colista - Fotolia.com

Der vorliegende Band ist eine Print-Einzellizenz

Sie wollen unsere Kopiervorlagen auch digital nutzen? Kein Problem – fast das gesamte KOHL-Sortiment ist auch sofort als PDF-Download erhältlich! Wir haben verschiedene Lizenzmodelle zur Auswahl:

	Print-Version	PDF-Einzellizenz	PDF-Schullizenz	Kombipaket Print & PDF-Einzellizenz	Kombipaket Print & PDF-Schullizenz
Unbefristete Nutzung der Materialien	x	x	x	x	x
Vervielfältigung, Weitergabe und Einsatz der Materialien im eigenen Unterricht	x	x	x	x	x
Nutzung der Materialien durch alle Lehrkräfte des Kollegiums an der lizensierten Schule			x		x
Einstellen des Materials im Intranet oder Schulserver der Institution			x		x

Die erweiterten Lizenzmodelle zu diesem Titel sind jederzeit im Online-Shop unter www.kohlverlag.de erhältlich.

Inhalt

KOHL VERLAG Lernwerkstatt WATTENMEER Ein Lebensraum zwischen Ebbe und Flut – Bestell-Nr. 12 016

Inhalt

KOHL VERLAG Lernen mit Erfolg
Lernwerkstatt WATTENMEER – Bestell-Nr. 12 016
Ein Lebensraum zwischen Ebbe und Flut

Vorwort

Liebe Kolleginnen und Kollegen,

wir Menschen nehmen die Natur mit all ihrer wunderschönen Pflanzen- und Tierwelt in ihrer täglich veränderten Form zwar als faszinierend wahr, betreiben aber auch andererseits Raubbau mit ihr.
Pflanzen und Tiere in ihrer unglaublichen Artenvielfalt sind für uns selbstverständlich geworden. Im Zuge der Industrialisierung verschwand jedoch mehr und mehr der Gedanke des Umweltschutzes und andere Dinge rückten in den Vordergrund.

Viele Landschaften auf der Erde mitsamt ihrem Artenreichtum existieren heutzutage nur noch, weil ein Teil der Menschheit es sich zur Aufgabe gemacht hat, sie zu schützen und ferner über die Wichtigkeit dieser Naturschutzgebiete aufzuklären.
Eines dieser einzigartigen Naturschutzgebiete ist das **Wattenmeer**. Nicht ohne Grund wurde es zum UNESCO-Weltnaturerbe ernannt.

Die Lernwerkstatt zum Thema Wattenmeer erklärt ausführlich die Tier- und Pflanzenwelt des Nationalparks und geht außerdem auf das Leben der Menschen auf den Inseln und an der Küste ein.
Anschaulich wird der Aufbau des Wattenmeeres dargestellt, zudem mit verschiedenen Arbeitsblättern, passend zu jedem Thema, das erworbene Wissen überprüft.
Zum Abschluss wird die aktuelle Umweltproblematik erläutert und Lehrer und Schüler* können gemeinsam Maßnahmen zum Schutz und Erhaltung des Wattenmeeres erarbeiten.

Aufgrund der Nähe des Wattenmeeres ist das Thema für die Schüler besonders interessant. So kann der Umweltschutzgedanke bei den Kindern noch besser verinnerlicht werden.
Naturschutz ist für den Unterricht ein unentbehrliches Thema, daher sollte gerade das Wattenmeer dazu gehören.

Viel Freude und Erfolg beim Einsatz der vorliegenden Kopiervorlagen wünschen Ihnen der Kohl-Verlag und

Andrea Schmidt

**Mit den Schülern bzw. Lehrern sind im ganzen Heft selbstverständlich auch die Schülerinnen und Lehrerinnen gemeint!*

Bedeutung der Symbole:

Einzelarbeit

Partnerarbeit

Schreibe ins Heft/ in deinen Ordner

Arbeiten mit der ganzen Gruppe

Arbeiten in kleinen Gruppen

I. Lebensraum Wattenmeer

Innerhalb der letzten 7500 Jahre entstand im Rhythmus der Gezeiten an der deutschen Nordseeküste eine der fruchtbarsten Naturlandschaften der Welt:

das Wattenmeer (namentliche Herkunft: „Wasser zum Durchwaten“)

Es liegt in der Nordsee zwischen den Niederlanden, Deutschland und Dänemark. Das Wattenmeer beginnt im Westen bei Den Helder in den Niederlanden und erstreckt sich über ca. 450 km bis zum nördlich gelegenen Esbjerg in Dänemark. Es ist mit einer Wasseroberfläche von etwa 10.000 km² das größte Ökosystem seiner Art. Da es ein riesiger Nationalpark und Heimat vieler Tiere ist, erhielt das Wattenmeer im Juni 2009 eine ganz besondere Auszeichnung, die nur herausragende und schützenswerte Naturlandschaften bekommen:

Ein Großteil des Wattenmeeres wurde UNESCO-Weltnaturerbe. Im Jahre 2011 folgten das Hamburgische Wattenmeer und 2014 der dänische Nationalpark „Vadehavet“.

Etwa 60% des Wattenmeeres liegt auf deutschem Gebiet und teilt sich in drei Nationalparks auf: der Nationalpark Niedersächsisches Wattenmeer, der Nationalpark Hamburgisches Wattenmeer und der Nationalpark Schleswig-Holsteinisches Wattenmeer.

Vor Ostfriesland im niedersächsischen Wattenmeer befinden sich, neben kleinen unbewohnten Inseln, die 7 ostfriesischen Inseln Borkum, Juist, Norderney, Baltrum, Langeoog, Spiekeroog und Wangerooge. Die 4 nordfriesischen Inseln Pellworm, Amrum, Föhr und Sylt liegen vor der nordfriesischen Küste im Nationalpark Schleswig-Holstein. Im Umkreis von Föhr und Pellworm gibt es 10 Halligen, die Inseln ähneln, jedoch regelmäßig überflutet werden.

Das Wattenmeer gilt als spezieller und extremer Lebensraum, in dem nur Tiere und Pflanzen überleben können, die sich an diese besonderen Bedingungen angepasst haben. Im Wattenmeer gibt es eine Zone, die dauerhaft unter Wasser ist. In ihr leben Pflanzen wie die Seenelke, Seegräser und Algen, außerdem Tiere wie z.B. Fische, Krebse und Seesterne.

Eine weitere Zone ist das Watt. Es liegt bei Niedrigwasser über dem Wasserstand, bei Hochwasser darunter. Hier haben Wattwürmer und Muschelbänke ihr Zuhause. Die unteren Salzwiesen werden noch häufig überflutet – dort lebt u.a. der Queller, eine Pflanzenart. Die oberen Salzwiesen dagegen werden nur bei Sturmfluten oder Springfluten überflutet, da sie höher gelegen sind. Viele Seevögel, Insekten und Pflanzen wie die Strandaster leben dort. Drei Meeressäugetierarten sind ebenfalls im Wattenmeer beheimatet: Seehunde, Kegelrobben und Schweinswale.

Das Wattenmeer ist ständig in Bewegung: Hineinströmendes und herausströmendes Meerwasser wirbelt und schiebt Schlick, Sand und Kleinstlebewesen mit sich mit.

Lernwerkstatt WATTENMEER
Ein Lebensraum zwischen Ebbe und Flut – Bestell-Nr. 12 016

I. Lebensraum Wattenmeer

EA

Aufgabe 1: *Zu welchen Ländern gehört das Wattenmeer? Kreuze an.*

a) ☐ Frankreich, Niederlande, Deutschland

b) ☐ Niederlande, Deutschland, Dänemark

c) ☐ Deutschland, Dänemark, Norwegen

Der Meeresspiegel ändert sich aufgrund der Anziehungskraft von Mond, Sonne und der Fliehkraft der Erde alle 12 Stunden und 25 Minuten. So steigt das Wasser während der Flut und erreicht mit dem Hochwasser den Höchststand (im Wattenmeer durchschnittlich zwischen 2 und 3 m). Beginnt die Phase der Ebbe, dann zieht sich das Wasser nach und nach wieder zurück und gibt das vorher überflutete Land wieder frei. Das ablaufende Wasser zeichnet Rinnen als sogenannte „Priele“ in den weichen Wattboden. Der niedrigste Wasserstand der Ebbe heißt Niedrigwasser.

Zum Schutz der Küste bei Sturmfluten errichteten die Menschen Deiche, Holzdämme und Steinwälle. Die Bewohner einer Hallig bauen ihre Häuser auf künstlich aufgeschüttete Hügel (Warften, je nach Region auch Wurten genannt).

Das Wattenmeer lässt sich auch erwandern, allerdings ist eine Wattwanderung ohne einen ausgebildeten Wattführer lebensgefährlich! Auch bei schönem Wetter kann in kurzer Zeit Nebel aufziehen, sodass Orientierungsverlust droht. Priele können bei aufkommender Flut schnell volllaufen und im zähen Schlick kann man leicht steckenbleiben.

Auch das Wattenmeer selbst kann in Gefahr geraten durch Erderwärmung und somit steigendem Meeresspiegel, Schadstoffe und Abfall im Meer und Überfischung. Daher ist es wichtig, das Wattenmeer zu schützen und mit entsprechenden Projekten und Maßnahmen zu versuchen, diesen einzigartigen Lebensraum zu bewahren.

EA

Aufgabe 2: *Wo liegt das deutsche Wattenmeer?*

a) ☐ In der Ostsee

b) ☐ In der Nordsee

c) ☐ Im Atlantik

EA

Aufgabe 3: *Wann wurde das Wattenmeer zum UNESCO-Weltnaturerbe ernannt?*

a) ☐ 1998 b) ☐ 2004 c) ☐ 2009

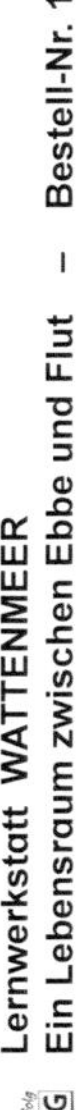

I. Lebensraum Wattenmeer

EA

Aufgabe 4: *Sylt und Amrum gehören zu den ...*

a) ☐ ... Nordfriesischen Inseln.

b) ☐ ... Ostsee-Inseln.

c) ☐ ... Ostfriesischen Inseln.

EA

Aufgabe 5: a) *Die Gezeiten bestehen aus ______________ und ______________ .*

b) *Nenne mindestens drei ostfriesische Inseln:*

____

____

____

____

c) *Die drei Nationalparks im Wattenmeer gehören zu den Bundesländern:*

____

____

____

EA

Aufgabe 6: *Wörtersuchspiel im Wattenmeer*

Total durcheinandergeraten sind die untenstehenden Begriffe. Ob waagerecht, senkrecht, vorwärts, rückwärts – alles ist hier möglich. Findest du alle 12 Wörter zum Thema Wattenmeer?

A	W	E	L	L	E	V	Z	T	B
M	I	B	P	L	E	S	N	I	W
R	N	B	E	X	U	A	N	D	T
U	D	E	I	C	H	S	A	E	T
M	O	I	L	M	R	U	T	S	A
R	E	E	M	S	T	I	U	E	W
F	A	L	G	E	B	B	O	R	O

KOHL VERLAG
Lernwerkstatt WATTENMEER
Ein Lebensraum zwischen Ebbe und Flut – Bestell-Nr. 12 016

II. Die Gezeiten

Ebbe und Flut

Wer von euch schon mal an der deutschen Nordseeküste war, wird sich vielleicht gewundert haben, dass das Meer manchmal zu sehen und einige Stunden später einfach nicht mehr da ist.

Aber wie entstehen Ebbe und Flut?

Ebbe und Flut entstehen durch die Anziehungs- und Fliehkraft zwischen Erde und Mond. Die Fliehkraft spüren wir z.B. beim Kettenkarussell. Dreht es sich schnell, werden wir von innen nach außen gedrängt. Der Mond zieht die Wassermassen auf der Erde an, sodass sich das Wasser in Mondrichtung zu einem Flutberg wölbt. Auf der anderen Erdseite entsteht ebenfalls ein Wasserberg, da dort die Fliehkräfte überwiegen. Aus den dazwischen liegenden Gebieten fließt das Wasser fort; es herrscht also Ebbe. Die Erde wandert also bei ihrer täglichen Drehung um die eigene Achse unter beiden Flutbergen hindurch.

Durch die nahezu gleichlaufende Bewegung von Erde und Mond erleben wir in etwa 24 Stunden und 50 Minuten zweimal Flut.

Der Zeitraum vom Anfang eines Niedrigwassers und einer Flutphase bis zum Beginn des nächsten Niedrigwassers wird Tide genannt.

Je nach Stand von Erde, Mond und Sonne können sich die Kräfte verstärken. Bei Vollmond und Neumond stehen Mond und Sonne mit der Erde in einer Richtung, sodass es zu einer Springflut kommt.

Wird eine Springflut durch starken Wind verstärkt, so entstehen Sturmfluten. Das Wasser wird dann durch die Winde an den Küsten aufgestaut und Gebiete, die nicht vom Deich geschützt sind, werden teilweise überflutet.

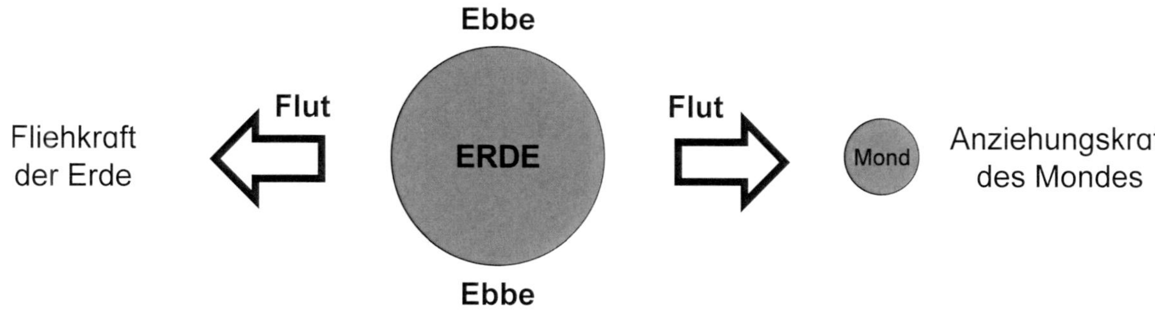

EA

Aufgabe 1: *Wie wird die Anziehungskraft auch genannt? Kreuze die richtige Lösung an.*

a) ☐ Stagnation

b) ☐ Gravitation

c) ☐ Fluktuation

EA

Aufgabe 2: *Nenne ein anderes Wort für Fliehkraft.*

____

II. Die Gezeiten

Vollmond, Neumond

ERDE MOND SONNE

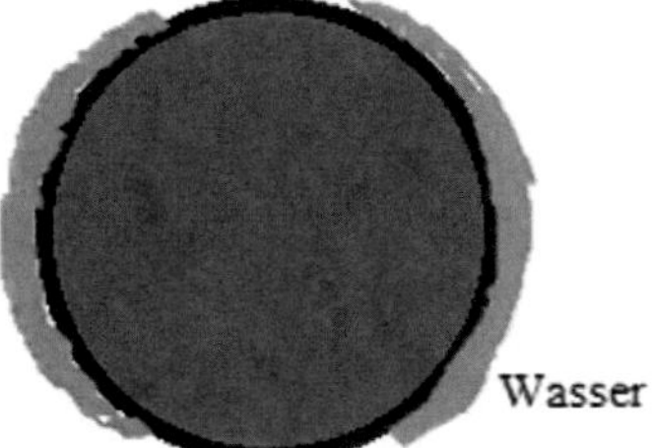

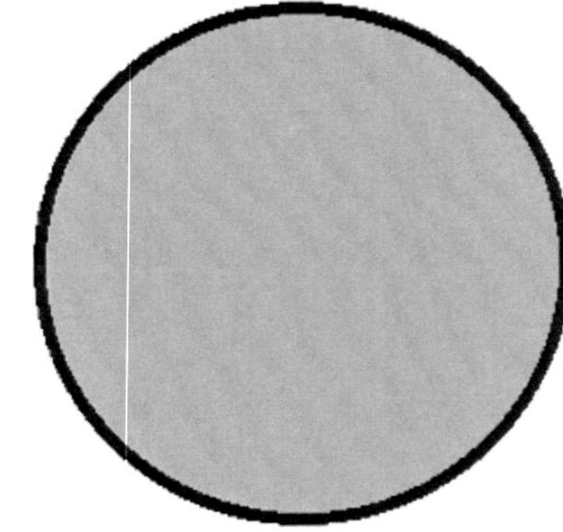

NEUMOND

MOND ERDE SONNE

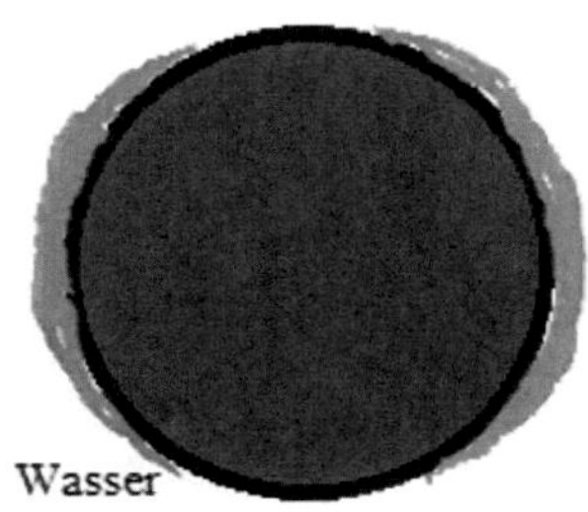

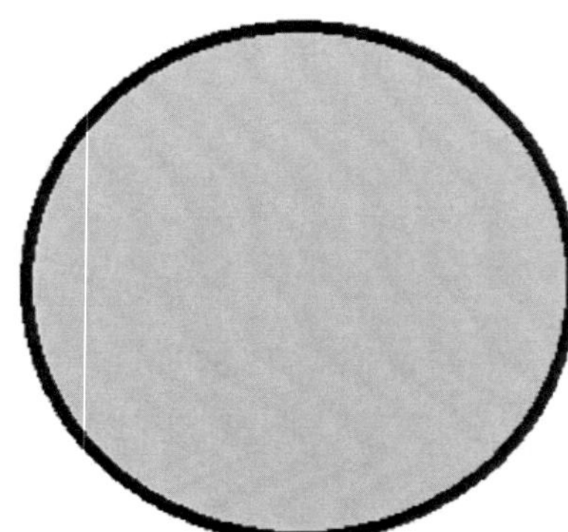

EA

Aufgabe 3:

a) *Die Gezeiten bestehen aus* ____________ *und* ____________ .

b) *Wie nennt man den Unterschied zwischen dem höchsten Wasserstand der Flut und dem niedrigsten bei Ebbe?*

____

c) *Wann kommt es zu einer Springflut?*

____

____

d) *In welchem Zeitraum erleben wir zweimal die Flut?*

____

KOHL VERLAG Lernen mit Erfolg
Lernwerkstatt WATTENMEER
Ein Lebensraum zwischen Ebbe und Flut – Bestell-Nr. 12 016

III. Nationalpark Wattenmeer

Nationalpark Wattenmeer

Das Motto aller deutschen Nationalparks heißt:

Natur Natur sein lassen. Hier können Tiere und Pflanzen ungestört leben.

Schutzzonen:

Das Wattenmeer ist in verschiedene Schutzzonen unterteilt:

Zone I: Etwa 68,5 % der Fläche ist die am strengsten geschützte Ruhezone und darf ganzjährig nur in wenigen Bereichen, z.B. auf markierten Wegen oder bei geführten Wattwanderungen betreten werden.

Zone II: Mit 31 % der Fläche eine Zwischenzone, die ganzjährig, mit Ausnahme bestimmter Vogelschutzgebiete, betreten werden darf.

Zone III: Diese Zone dient mit einem geringen Anteil von 0,5 % den Menschen zur Erholung (z.B. Badestrandabschnitt)

Aufgabe 1: a) *Wie viele Schutzzonen gibt es im Wattenmeer?*

____

b) *Wie groß ist die größte Schutzzone (in %)?*

____

c) *Welche Schutzzone ist am strengsten geschützt?*

____

d) *Welche der Zonen dient den Menschen zur Erholung?*

____

e) *Wie hoch ist der prozentuale Anteil dieser Zone?*

____

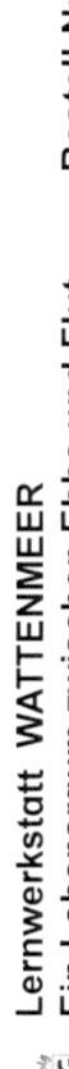

Nationalpark Niedersächsisches Wattenmeer

Der Nationalpark Niedersächsisches Wattenmeer wurde am 1. Januar 1986 gegründet, seine Fläche schrittweise von 2.440 km² auf jetzt 3.450 km² erweitert.

Der Nationalpark beginnt im Westen vor der niedersächsischen Küste an der Grenze zu den Niederlanden am Fluss Dollart und erstreckt sich ca. 260 km entlang der Küste bis zur Elbmündung bei Cuxhaven. Er beinhaltet auch Flächen der Ostfriesischen Inseln.

54,5 % des Nationalparks ist mit Wasser bedeckt, 40 % der Fläche besteht aus Watt, nur ein geringer Teil von 5,5 % befindet sich auf dem Festland und den Inseln.

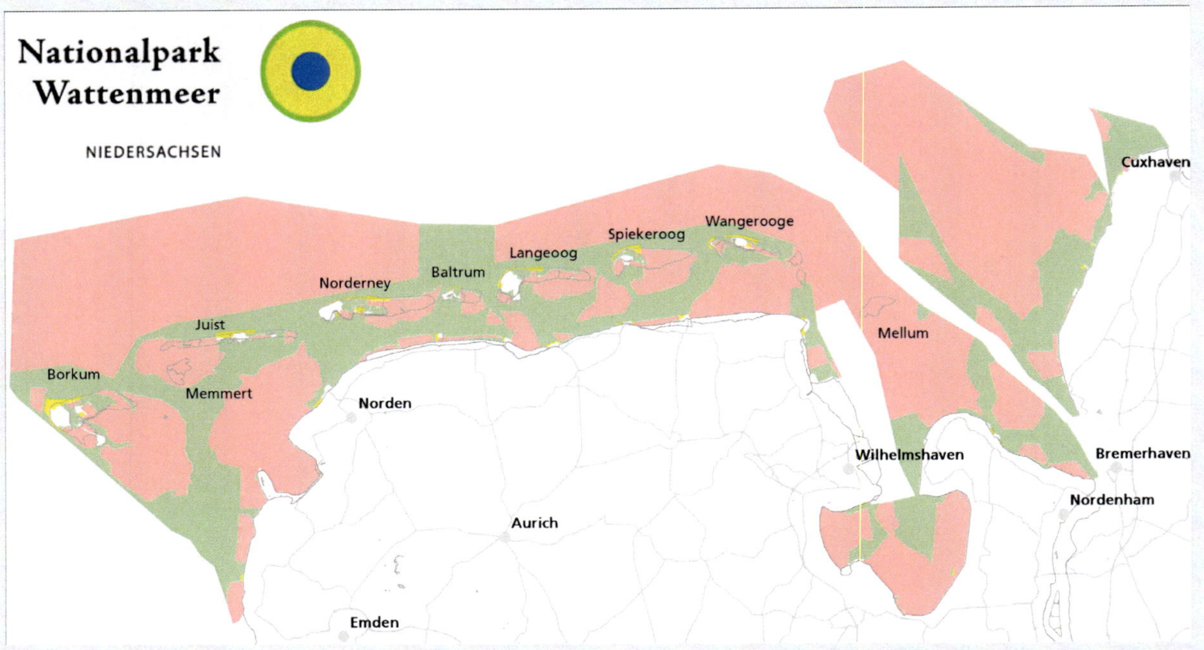

© Landesamt für Geoinformation und Landesvermessung Niedersachsen (LGLN)

Schutzzonen im Nationalpark Niedersächsisches Wattenmeer:

rosa: Zone I (Ruhezone) • grün: Zone II (Zwischenzone) • gelb: Zone III (Erholungszone)

Neben den bereits existierenden Park-Betreuern, die sich um den Schutz des Nationalparks kümmern, wurden zum 06.02.2015 an bisher unbesetzten Standorten 10 weitere Schutzbetreuer eingestellt, die in Vollzeit den Nationalpark überwachen. Zu den neuen Einsatzgebieten zählen unter anderem Norderney und Spiekeroog.

Aufgabe 2: *Teilt euch in drei Gruppen auf und übernehmt je eine Schutzzone. Was ist jeweils das Besondere an ihr?*

____

____

____

KOHL VERLAG Lernwerkstatt WATTENMEER Ein Lebensraum zwischen Ebbe und Flut – Bestell-Nr. 12 016

III. Nationalpark Wattenmeer

EA

Aufgabe 3: *Kreuze die richtigen Antworten an.*

a) Wie viele Schutzzonen hat das Wattenmeer?

A ☐ 2 **C** ☐ 3

B ☐ 4 **D** ☐ 6

b) Wann wurde der Nationalpark Niedersächsisches Wattenmeer gegründet?

A ☐ 1970 **C** ☐ 2010

B ☐ 1986 **D** ☐ 2014

c) An welches Land grenzt der Nationalpark Niedersächsisches Wattenmeer im Westen?

A ☐ an Dänemark **C** ☐ an die Niederlande

B ☐ an Belgien **D** ☐ an Polen

d) Welche Inselgruppe gehört zum Nationalpark Niedersächsisches Wattenmeer?

A ☐ die Nordfriesischen Inseln

B ☐ die Ostfriesischen Inseln

C ☐ die Niedersächsischen Inseln

D ☐ die Friesland-Inseln

e) Wie groß ist zur Zeit die Fläche des Nationalparks Niedersächsisches Wattenmeer?

A ☐ 3450 km^2 **C** ☐ 3690 km^2

B ☐ 2440 km^2

f) Wie viel Prozent der Fläche dieses Nationalparks sind mit Wasser bedeckt?

A ☐ 64,8 % **C** ☐ 54,5 %

B ☐ 40,2 %

PA

Aufgabe 4: *Einige falsche Wörter haben sich in die Sätze eingeschlichen. Findet ihr sie? Unterstreicht die Fehler.*

a) Der Nationalpark Schleswig-Holsteinisches Wattenmeer wurde am 01.01.1986 gegründet.

b) Der Nationalpark beginnt im Osten vor der niedersächsischen Küste an der Grenze zu Polen.

c) Er beinhaltet auch die Flächen der Nordfriesischen Inseln.

d) 54,5 % des Nationalparks ist mit Grünfläche bedeckt, 40 % besteht aus Wasser.

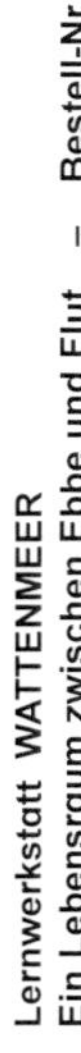
Lernwerkstatt WATTENMEER
Ein Lebensraum zwischen Ebbe und Flut – Bestell-Nr. 12 016
KOHL VERLAG

III. Nationalpark Wattenmeer

Nationalpark Hamburgisches Wattenmeer

Dieser Nationalpark wurde 1990 gegründet und liegt dort, wo die Elbe in die Nordsee fließt, eingebettet im Nationalpark Niedersächsisches Wattenmeer.

Die Inseln Neuwerk, Scharhörn und Nigehörn (künstlich aufgeschüttet) sind ein sehr bedeutender Lebensraum für Brut- und Rastvögel.

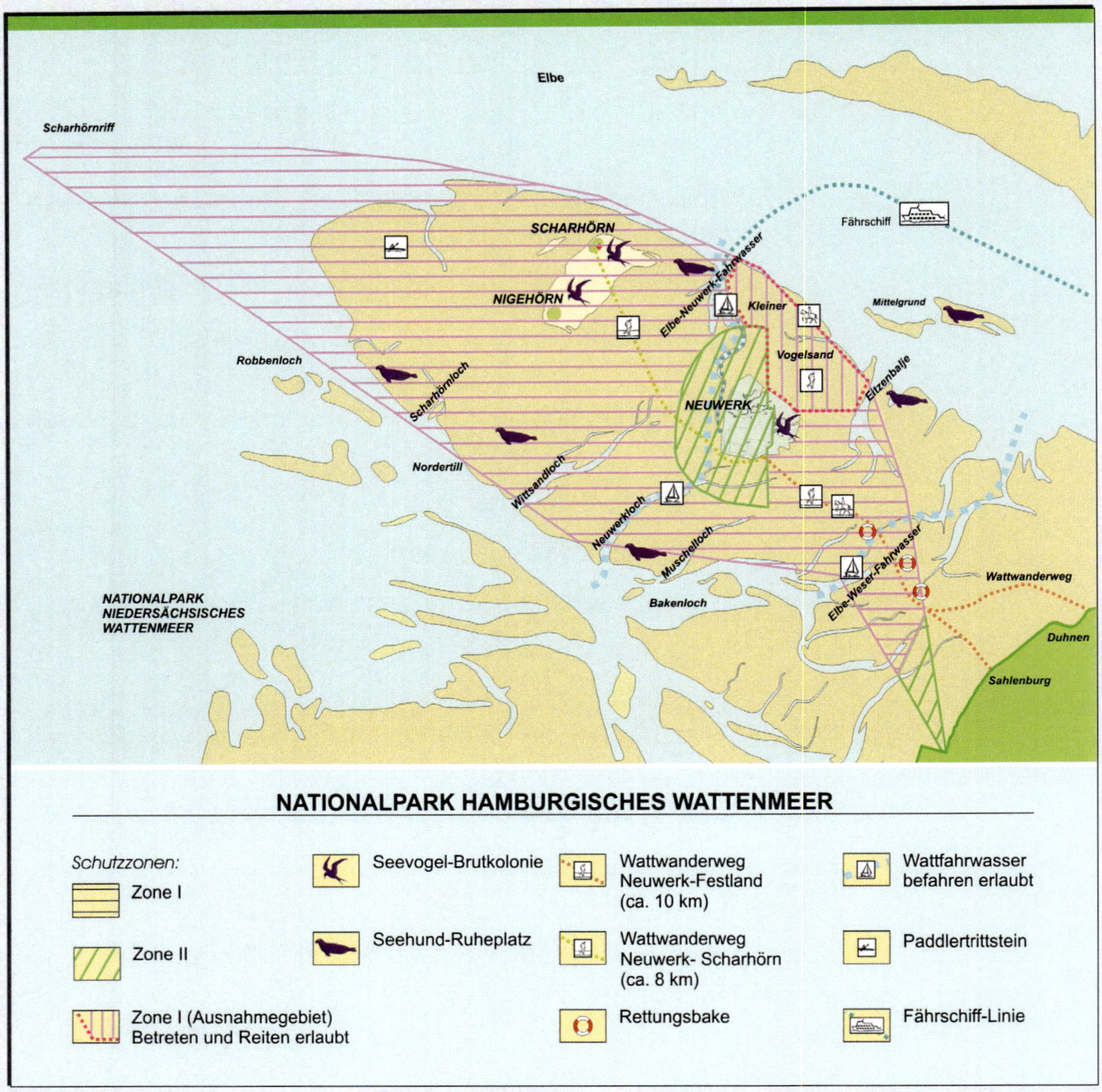

Elbe
Scharhörnriff
SCHARHÖRN
Fährschiff
NIGEHÖRN
Elbe-Neuwerk-Fahrwasser
Kleiner
Vogelsand
Mittelgrund
Robbenloch
Scharhörnloch
Elzenbalje
NEUWERK
Nordertill
Wittsandloch
Neuwerkloch
Muschelloch
Elbe-Weser-Fahrwasser
Wattwanderweg
Bakenloch
NATIONALPARK NIEDERSÄCHSISCHES WATTENMEER
Duhnen
Sahlenburg

NATIONALPARK HAMBURGISCHES WATTENMEER

Schutzzonen:
- Zone I
- Zone II
- Zone I (Ausnahmegebiet) Betreten und Reiten erlaubt
- Seevogel-Brutkolonie
- Seehund-Ruheplatz
- Wattwanderweg Neuwerk-Festland (ca. 10 km)
- Wattwanderweg Neuwerk- Scharhörn (ca. 8 km)
- Rettungsbake
- Wattfahrwasser befahren erlaubt
- Paddlertrittstein
- Fährschiff-Linie

© Behörde für Umwelt & Energie (BUE) Freie und Hansestadt Hamburg - Amt für Naturschutz, Grünplanung & Energie

EA

Aufgabe 5: **a)** *Wie heißt die künstlich aufgeschüttete Insel?*

____

b) *Nenne das Gründungsjahr dieses Nationalparks.*

____

III. Nationalpark Wattenmeer

Nationalpark Schleswig-Holsteinisches Wattenmeer

1985 gegründet, liegt dieser Nationalpark vor der Nordseeküste Schleswig-Holsteins. Mit einer Fläche von 4.410 km² ist er der größte Nationalpark im Wattenmeer.

Er erstreckt sich im Süden von der Elbmündung bis zur deutsch-dänischen Seegrenze im Norden. Zu ihm gehören die Nordfriesischen Inseln und die Halligen. Der Nationalpark hat mit 97,7 % eine riesige Wasserfläche, 68 % sind sogar dauerhaft unter Wasser.

EA

Aufgabe 6: a) *Wie viel Prozent beträgt die Wasserfläche dieses Nationalparks?*

b) *Wie groß ist die Gesamtfläche des Nationalparks in km²?*

EA

Aufgabe 7: *Auch hier befinden sich einige falsche Wörter in nachfolgenden Sätzen. Finde sie heraus und unterstreiche sie.*

a) Die Inseln Neuwerk, Norderney und Nigehörn sind ein sehr bedeutender Lebensraum.

b) Der Nationalpark Hamburgisches Wattenmeer liegt dort, wo die Weser in die Nordsee fließt.

c) Mit einer Fläche von 4.410 km² ist der Nationalpark Schleswig-Holsteinisches Wattenmeer der kleinste Nationalpark im Wattenmeer.

d) Zu ihm gehören die Ostfriesischen Inseln und die Halligen.

e) Der Nationalpark hat mit 27,7 % eine geringe Wasserfläche.

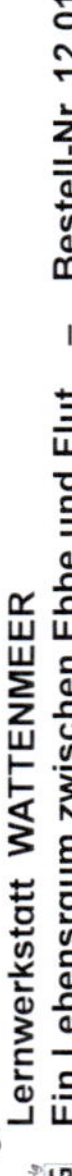
Lernwerkstatt WATTENMEER
Ein Lebensraum zwischen Ebbe und Flut – Bestell-Nr. 12 016
KOHL VERLAG

III. Nationalpark Wattenmeer

EA

Aufgabe 8: *Kreuze die richtigen Antworten an.*

a) Für welche Tiere sind die Inseln im Nationalpark Hamburgisches Wattenmeer ein wichtiger Lebensraum?

A ☐ für Reptilien **B** ☐ für Brut- und Rastvögel

b) Wie heißt der größte Nationalpark im Wattenmeer?

A ☐ Hamburgisches Wattenmeer
B ☐ Niedersächsisches Wattenmeer
C ☐ Schleswig-Holsteinisches Wattenmeer

c) Mit welchem Land hat der Nationalpark Schleswig-Holsteinisches Wattenmeer eine gemeinsame Seegrenze?

A ☐ mit den Niederlanden **C** ☐ mit Frankreich
B ☐ mit Belgien **D** ☐ mit Dänemark

d) Der Nationalpark Schleswig-Holsteinisches Wattenmeer besteht überwiegend aus ...

A ☐ ... Wäldern. **C** ☐ ... Wiesen.
B ☐ ... Wasser. **D** ☐ ... Strand.

PA

Aufgabe 9: *Vergleicht anhand der Karten auf den Seiten 14 und 15 die beiden Nationalparks miteinander. Was fällt euch auf, wo gibt es Unterschiede?*

KOHL VERLAG Lernwerkstatt WATTENMEER Ein Lebensraum zwischen Ebbe und Flut – Bestell-Nr. 12 016

IV. Inseln

Nordfriesische Inseln

Die Nordfriesischen Inseln liegen vor der Küste Schleswig-Holsteins im Nationalpark Schleswig-Holsteinisches Wattenmeer.

Sylt

Sylt ist die größte und auch wohl bekannteste Insel der deutschen Nordsee. Sie ist 38 km lang, an einigen Stellen nur 300 m, an anderen 12,5 km breit. Der Hindenburgdamm verbindet seit 1927 Sylt mit dem Festland. An der Ostseite der Insel liegt das Wattenmeer. Im Norden der Insel liegen Deutschlands letzte Wanderdünen, die jedes Jahr etwa 4,5 m nach Osten wandern. Nicht nur ca. 21.000 Bewohner leben dort, sondern auch ca. 3000 Schafe, 1000 Kühe und 200 Pferde.

Föhr

Diese Insel ist knapp 13 km lang und 8,5 km breit. Mit etwa 3500 Schafen, 10.000 Kühen und 850 Pferden leben mehr Tiere als Bewohner (ca. 8700) auf Föhr. Sie ist eine sehr grüne Insel, da sie durch ihre Lage östlich von Sylt und Amrum relativ gut vor der stürmischen Nordsee geschützt ist. Nördlich und nordwestlich der Insel befindet sich die Schutzzone I des Nationalparks Schleswig-Holsteinisches Wattenmeer.

Amrum

Amrum ist mit einer Länge von 8,5 km und einer Breite von 3 km relativ klein, dafür aber die waldreichste Insel der deutschen Nordsee. 2300 Bewohner besitzen etwa 250 Schafe, 300 Kühe und 150 Pferde. Eine riesige Sandbank direkt vor der Westküste (Kniepsand) gehört eigentlich nicht zur Insel, sondern zum Meer, wird aber von den Touristen als Badestrand genutzt. Bei Niedrigwasser kann man die Nachbarinsel Föhr durch eine Wattwanderung erreichen.

Pellworm

Die südlichste der Nordfriesischen Inseln liegt bis zu 1 m unter dem Meeresspiegel und wird daher rundherum durch einen 25 km langen und bis 8,3 m hohen Deich vor Überflutungen geschützt. Pellworm hat keinen Sandstrand, dafür aber 9 Badestellen. Neben ca. 1100 Bewohnern leben auch ca. 6000 Schafe, 3000 Kühe und 100 Pferde dort.

EA

Aufgabe 1: a) *Auf welcher Insel leben mehr Tiere als Menschen?*

____

b) *Welche Insel hat eine riesige Sandbank direkt vor ihrer Westküste?*

____

Lernwerkstatt WATTENMEER
Ein Lebensraum zwischen Ebbe und Flut – Bestell-Nr. 12 016

IV. Inseln

EA

Aufgabe 2: a) *Auf den Nordfriesischen Inseln gibt es verschiedene Nutztierarten:*

________________ ________________ ________________

b) *Was verbindet Sylt seit 1927 mit dem Festland?*

A ☐ eine Hängebrücke
B ☐ der Hindenburgdamm
C ☐ eine Seilbahn

c) *Die waldreichste Insel der deutschen Nordsee heißt:*

____

d) *Welche Nachbarinsel kann man von Amrum aus bei Niedrigwasser durch eine Wattwanderung erreichen?*

A ☐ Borkum
B ☐ Föhr
C ☐ Usedom
D ☐ Rügen

e) *Welche Besonderheit hat Pellworm und wird deshalb rundherum von einem Deich geschützt?*

A ☐ Die Insel liegt bis zu einem Meter unter dem Meeresspiegel.
B ☐ Die Insel hat den höchsten Berg der Nordfriesischen Inseln.
C ☐ Die Insel hat eine riesige Sandbank.

f) *Wie lang und hoch ist der Deich auf Pellworm?*

____

g) *Welche Insel hat die höchste Bewohnerzahl?*

A ☐ Föhr **B** ☐ Amrum **B** ☐ Sylt

KOHL VERLAG Lernwerkstatt WATTENMEER Ein Lebensraum zwischen Ebbe und Flut – Bestell-Nr. 12 016

IV. Inseln

Ostfriesische Inseln

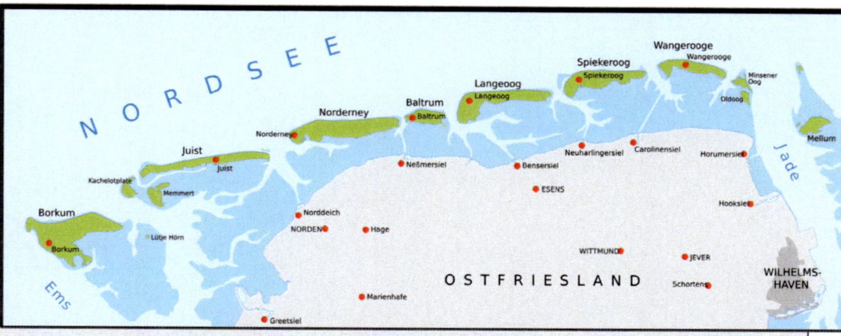

Das Klima auf den Ostfriesischen Inseln ist ganz besonders. Die Luft ist sehr feucht, es weht fast ständig ein kühler, salzhaltiger Wind ohne Pollen, Autoabgase und andere Schadstoffe. Nicht nur bei den Menschen mit Lungenproblemen oder Hautkrankheiten sind die Inseln deshalb sehr beliebt. Je nach Insel setzen durchschnittlich jährlich 50.000 bis 280.000 Touristen mit einer Fähre vom Festland auf eine Insel über. Auf Borkum sorgen 18 Polizisten *(Stand 2008)* für Sicherheit, auf den übrigen Inseln sind es meist nur 1 bis 3 Polizisten.
Die Ostfriesischen Inseln haben alle den Sandstrand zur offenen Meerseite, Dünen in der Mitte und jeweils im Süden zur Landseite beginnt das Wattenmeer.

Borkum

Sie ist die westlichste und größte der Ostfriesischen Inseln, ca. 12 km lang und 5 km breit. Im Vergleich zu den Nordfriesischen Inseln leben mit etwa 70 Schafen, 160 Kühen und 180 Pferden viel weniger Tiere auf Borkum. Dafür gibt es hier die größte Jugendherberge Deutschlands.

Juist

Juist ist mit einer Länge von 17 km die längste, aber auch die schmalste Insel. Es gibt etwa 10 Schafe, 100 Arbeitspferde und 50 Reitpferde auf der Insel. Hier dürfen keine Autos fahren, daher kommt sogar die Müllabfuhr mit Pferdekutschen.

Norderney

Die zweitgrößte der ostfriesischen Inseln besitzt zugleich das älteste deutsche Nordseeheilbad (1797 gegründet). 85 % der Inselfläche gehören zum Nationalpark Niedersächsisches Wattenmeer. Haupteinnahmequelle ist der Tourismus, es gibt nur wenig Landwirtschaft.

Baltrum

Baltrum ist eine sehr kleine Insel, nur 5 km lang, 1,7 km breit und hat ca. 500 Einwohner. Sie ist ebenfalls autofrei und hat keine Straßennamen. Die Häuser sind einfach in der Reihenfolge ihrer Erbauung nummeriert.

Langeoog

Auch diese Insel ist autofrei und gilt als eine sehr familienfreundliche Insel, da sie viele Spiel- und Sportangebote hat. 65 Kühe und etwa 100 Pferde leben hier. Neben einem 14 km langen Strand befindet sich eine der größten begehbaren Silbermöwenkolonien Deutschlands auf Langeoog.

Spiekeroog

Knapp 800 Einwohner leben auf der nur 5,6 km vom Festland entfernten Insel. Die „Weiße Düne“ ist mit 24,1 m über NN die höchste natürliche Erhebung von ganz Ostfriesland.

Wangerooge

Die zweitkleinste bewohnte Ostfriesische Insel hat etwa 1280 Einwohner. Sie ist ebenfalls autofrei, dafür fährt dort eine Inselbahn.

IV. Inseln

EA

Aufgabe 3: *Setze die passenden Wörter in den Lückentext.*

- Borkum ist die ____________________ und gleichzeitig die ____________________ der Ostfriesischen Inseln.
- Auf Juist kommt sogar die Müllabfuhr mit ____________________ .
- Das älteste deutsche Nordseeheilbad befindet sich auf der zweitgrößten Ostfriesischen Insel. Sie heißt ____________________ .
- Auf vielen Ostfriesischen Inseln dürfen keine __________ fahren.
- Auf Baltrum haben die Straßen keine ____________________.
- Die höchste natürliche Erhebung von ganz Ostfriesland befindet sich auf Spiekeroog und heißt ____________________.

EA

Aufgabe 4: **a)** *Wo befindet sich auf den Ostfriesischen Inseln der Sandstrand?*

____

b) *Wo liegen die Dünen?*

____

c) *Auf welcher Seite der Insel beginnt dort das Wattenmeer?*

____

d) *Welche Seevogelkolonie befindet sich auf Langeoog?*

____

GA

Aufgabe 5: *Stellt euch vor, ihr könntet auf einer Insel leben. Welche würdet ihr bevorzugen und warum?*

____

____

____

KOHL VERLAG Lernwerkstatt WATTENMEER Ein Lebensraum zwischen Ebbe und Flut – Bestell-Nr. 12 016

V. Halligen

Halligen

Die Halligen sind eine Gruppe der Nordfriesischen Inseln und liegen vor der Küste Schleswig-Holsteins. Eine Hallig besteht aus fruchtbarem Land (Marschland), das aber immer wieder vom Meer überflutet wird. Um sich vor Überflutungen zu schützen, bauen die Bewohner ihre Häuser auf künstlich aufgeschüttete Erdhügel (Warften oder Wurten genannt). Im Umkreis von Pellworm gab es früher mehr als 100 Halligen. Durch viele zerstörerische Sturmfluten sind heute nur noch 10 Halligen übrig geblieben, die ca. zehn- bis fünzigmal im Jahr „Land unter" vermelden. Dann werden Wiesen und Wege überschwemmt und von der Hallig sind nur noch die Häuser zu sehen. Die Halligen haben eine große Bedeutung. Als „Wellenbrecher" schützen sie die Festlanddeiche und stabilisieren das Wattenmeer.

Langeneß

Sie ist mit 9,56 km² die größte Hallig, hat 18 Warften und etwa 140 Bewohner.

Oland

Oland ist 2 km lang und nur 500 m breit. 15 Häuser gibt es auf dieser Hallig und 20 Menschen leben dort. 1924 wurde ein 5 km langer Lorendamm gebaut. So können die Bewohner mit der Lore bei Niedrigwasser in ca. 15 Minuten das Festland erreichen.

Gröde

Diese Hallig besteht nur aus 2 Warften und gilt mit 17 Einwohnern als kleinste Gemeinde Deutschlands. Sie ist nur mit dem Schiff zu erreichen.

Nordstrandischmoor

Einst 5 km² groß, ist die Hallig durch viele Überschwemmungen nun nur noch 1,75 km² groß. Ein Lorendamm verbindet die Hallig mit dem Festland.

Hooge

Die bekannteste Hallig wird im Sommer sehr oft mit dem Schiff von Touristen besucht. Sie hat 10 bewohnte Warften und ca. 83 Bewohner. Die Hallig wird von einem flachen Sommerdeich umgeben und daher weniger häufig überflutet.

Hamburger Hallig

Da sie seit 1859 durch einen Damm mit der Küste verbunden ist, ist sie eigentlich keine richtige Hallig, sondern eher eine Halbinsel. So sind 3 Häuser (davon ein Restaurant) bequem mit dem Auto erreichbar. Ihr Vorland ist ein riesiges Brut- und Rastgebiet für Vögel.

Südfall, Süderoog, Norderoog und Habel

Sie alle gehören zur besonders geschützten Zone I des Nationalparks Schleswig-Holsteinisches Wattenmeer. Norderoog hat nur tierische Bewohner: auf ihr leben bis zu 50.000 Vögel. Auf Süderoog lebt ein Ehepaar ganzjährig, Südfall wird nur im Sommer von einem Vogelwart bewohnt und auch auf Habel, der kleinsten Hallig, lebt nur ein Vogelwart.

Lernwerkstatt WATTENMEER
Ein Lebensraum zwischen Ebbe und Flut – Bestell-Nr. 12 016

V. Halligen

Aufgabe 1: *Kreuze die richtigen Antworten an.*

EA

a) Zu welcher Inselgruppe gehören die Halligen?

A ☐ Nordfriesische Inseln
B ☐ Ostfriesische Inseln
C ☐ Niedersächsische Inseln

b) Wie viele Halligen gibt es heute noch?

A ☐ 2 **B** ☐ 10 **C** ☐ 40

c) Mit welchem Fortbewegungsmittel können manche Halligen vom Festland aus erreicht werden?

A ☐ mit dem Bus
B ☐ mit dem Zug
C ☐ mit der Lore

d) Wie heißt die größte Hallig?

A ☐ Langeneß
B ☐ Borkum
C ☐ Sylt

e) Welche Besonderheit hat die Hallig Gröde?

A ☐ Sie hat die höchste Einwohnerzahl Schleswig-Holsteins.
B ☐ Sie gilt mit nur 17 Einwohnern als kleinste deutsche Gemeinde.
C ☐ Sie ist unbewohnt.

PA

Aufgabe 2: *Erstellt eine Tabelle wie unten dargestellt in eurem Heft/Ordner. Ordnet die nachstehenden Begriffe in die Tabelle ein.*

5 km Lorendamm – größte Hallig – ca. 140 Bewohner – kleinste Gemeinde – flacher Sommerdeich – nur 2 Warften – Verbindung mit dem Damm – Brut- und Rastgebiet für Vögel – bekannteste Hallig – nur 500 m breit

Hooge	Langeneß	Oland	Gröde	Hamburger Hallig
.....				

Lernwerkstatt WATTENMEER
Ein Lebensraum zwischen Ebbe und Flut – Bestell-Nr. 12 016

V. Halligen

EA

Aufgabe 3: *Setze die passenden Wörter in den Lückentext.*

- Die Halligbewohner schützen sich vor Überflutungen, indem sie ihre Häuser auf ____________________ bauen.
- Auf Norderoog leben nur tierische Bewohner, und zwar bis zu 50.000 ________________ .
- Die Halligen ____________________ , ________________ und ____________________ gehören zu der geschützten Zone I des Nationalparks Schleswig-Holsteinisches Wattenmeer.
- Wird eine Hallig vom Meer teilweise überschwemmt, dann nennen das die Bewohner „ ____________ ____________".
- Der ______________________________ wohnt und arbeitet auf einer Hallig und kümmert sich um den Vogelschutz.

GA

Aufgabe 4: *Bildet Gruppen zu je 4-5 Personen. Sucht euch je zwei Halligen aus und beschreibt sie mit ihren Besonderheiten.*

____

____

____

____

____

____

____

KOHL VERLAG Lernwerkstatt WATTENMEER Ein Lebensraum zwischen Ebbe und Flut – Bestell-Nr. 12 016

VI. Wattenmeer

Aufbau des Wattenmeeres – Erklärung der Zonen

Das Wattenmeer lässt sich grob in 3 Zonen unterteilen.

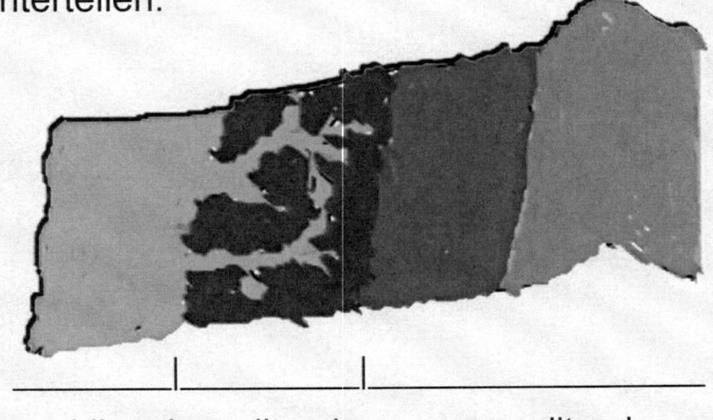

Sublitorale Zone:	der Bereich, der sich dauerhaft unter Wasser befindet
Eulitorale Zone:	das Watt
Supralitorale Zone:	die Salzwiesen

Sublitorale Zone

Dieses Gebiet macht mit 35 % etwa ein Drittel des Wattenmeeres aus. Es umfasst den Teil, der ständig unter Wasser bleibt. Dazu gehören auch Priele, die weit verzweigt in die Wattzone hineinreichen.

Eulitorale Zone

Diese Zone ist das klassische Watt und nimmt 60 % der Wattenmeerfläche ein. Das Watt wird bei Hochwasser überschwemmt, bei Niedrigwasser fällt es trocken. Durch den regelmäßigen Transport von vielen verschiedenen Schwebeteilchen kommt es zu einer Ablagerung in unterschiedlichen Bereichen. Hier bilden sich auch Sandbänke, kleine Inseln aus angeschwemmtem Sand, die bei Ebbe frei liegen und bei Flut überspült werden.

Supralitorale Zone

Die Salzwiesen haben zwar mit 5 % nur einen geringen Anteil am Wattenmeer, sie sind aber für den Küstenschutz und die Tierwelt von enormer Wichtigkeit. Bei jeder Flut werden Schwebeteilchen ins ufernahe Watt geschwemmt. Das feine Material sinkt ab und bildet nach und nach eine Schlickschicht. Ist der Schlick hoch genug, kann sich eine Pflanze ansiedeln. Die direkt ans Watt angrenzende Salzwiesen-Zone heißt Quellerzone. Sie wird noch regelmäßig überschwemmt und ist daher sehr salzhaltig. Hier wachsen nur 2 Pflanzenarten, hauptsächlich der Queller.

Dort, wo die Fläche der Salzwiesen leicht ansteigt, beginnt die Verlandungszone. Dieser Bereich wird nur bei starkem Hochwasser überschwemmt. In der Vielfältigkeitszone haben sich viele Pflanzen angesiedelt. Sie wird lediglich bei Sturmfluten überschwemmt.

PA

Aufgabe 1: a) *Richtig oder falsch? Kreuzt die richtigen Antworten an.*
b) *Korrigiert die falschen Aussagen in eurem Heft/Ordner.*

1. ☐ Die eulitorale Zone nimmt 20 % der Wattenmeeroberfläche ein.
2. ☐ Das Watt wird bei Hochwasser überschwemmt, bei Niedrigwasser fällt es trocken.
3. ☐ Die sublitorale Zone macht mit 50 % die Hälfte des Wattenmeeres aus.
4. ☐ Das Watt befindet sich in der eulitoralen Zone.
5. ☐ Direkt ans Watt grenzt die Salzwiesenzone, auch Quellerzone genannt.
6. ☐ Die Salzwiesen haben mit 75 % einen hohen Anteil am Wattenmeer.

Lernwerkstatt WATTENMEER
Ein Lebensraum zwischen Ebbe und Flut – Bestell-Nr. 12 016
KOHL VERLAG

VI. Wattenmeer

Watt – Arten und Zusammensetzung

Mit dem Begriff Watt verbinden wir oft das **Schlickwatt**:

Es liegt in Ufernähe, hat eine glatte, wasserglänzende Oberfläche und enthält sehr viel Wasser (50-70 %). Betreten wir das Schlickwatt, sinken wir teilweise 20 bis 40 cm tief ein. Da es sehr wenig Sauerstoff enthält, ist es sehr dunkel. Winzige Partikel (u.a. zermahlene Teilchen, pflanzliche und tierische Überreste) sinken bei Hochwasser zu Boden. Wegen der geringen Strömung lagern sich diese Teilchen ab und bilden den Schlick.

Das **Mischwatt** bildet das Übergangsgebiet zwischen **Schlick-** und **Sandwatt**. Der Boden ist mittelhart, der Wassergehalt liegt zwischen 25 und 50 %. Hier wird Schlick und Sand vermischt. Es lagern sich überwiegend gröbere Partikel am Boden ab.

Das **Sandwatt**

Es hat einen Sandanteil von 90 % und wird sehr stark von Wind und Wellen geprägt. Durch die starke Wasserströmung entsteht die typische Rippelstruktur auf der Oberfläche. Da sich nur wenige Partikel am Boden absetzen, ist das Sandwatt sehr sauerstoffreich.

EA

Aufgabe 2: **a)** *Nenne die verschiedenen Wattarten.*

____

b) *Welche Art liegt dem Land am nächsten?*

____

c) *Welches ist das sauerstoffreichste Watt?*

____

d) *Und welches das mit dem geringsten Sauerstoffgehalt?*

____

e) *Wie hoch ist der Wassergehalt im Mischwatt?*

____

Dünen

Mit jeder Welle spült die Brandung den Sand vom Meeresboden an den Strand. Nach und nach werden die losen Sandkörner vom Wind getrocknet, über den Strand geweht und zu kleinen Haufen zusammengeblasen. Oft sammeln sie sich z. B. hinter einer Muschelschale. Wird dieser Bereich längere Zeit nicht überflutet, bildet sich nach einer Weile ein kleines Sandhäufchen. Dieses ist noch sehr salzhaltig, daher haben es die Pflanzenarten dort sehr schwer, sich anzusiedeln. Starker Wind, Sonnenhitze und Salzwasser sind schwierigste Lebensbedingungen.

Einige Pflanzen jedoch schaffen es, dort zu überleben:

Neben der Salzmiere, die mit ihren extrem dickfleischigen und fleischigen Blättern ihrer Umgebung trotzt, hat sich dort außerdem die Binsen-Quecke (auch Strandquecke genannt) angesiedelt. Sie hat 10 bis 35 cm lange, dunkelgrüne Blätter, die an der Oberseite lang gerippt und an der Unterseite glatt sind. Sie werden oft eingerollt, um den Wasserverlust zu senken. Dadurch, dass die Pflanzenblätter fest, aber biegsam sind, kann sich hinter ihnen der Flugsand ablagern. So bilden sich schon nach einigen Monaten kleine Dünen, die bis zu 1 m Höhe hoch wachsen. Diese kleine Art von Düne heißt Vordüne (auch Primärdüne).

Die Quecke wächst mit der Düne weiter und festigt sie so weiterhin. Nun kann sich z. B. auch der Strandhafer ansiedeln, der zusätzlich als „Sandfang“ dient und höhere Dünen entstehen lässt. Somit bildet sich aus einer Vordüne (Primärdüne) eine Weißdüne (Sekundärdüne). Auf ihrer Rückseite wäscht der Regen das Salz langsam aus, es sammelt sich erster Humus an und weitere Pflanzenarten lassen sich nieder. Diese Dünen-Art wird Graudüne (Tertiärdüne) genannt. Je mehr Salz ausgespült wird, desto mehr verfestigt sich der Boden, wird süßwasserhaltig und bietet weiteren Pflanzen einen Lebensraum. Zumeist entsteht dort ein Dünental.

Weht der Wind dauerhaft stark von einer Seite, so verlagern sich die Sandkörner und eine Wanderdüne entsteht. Sie wandern pro Jahr einige Meter. Früher war Sylt von vielen Wanderdünen bedeckt. Heute sind es nur noch wenige im Norden der Insel, die jährlich ca. 4,5 m nach Osten wandern. Auch sie werden irgendwann vermehrt von Strandhafer und weiteren Pflanzen bewachsen werden, dadurch gefestigt und die Wanderung wird gebremst.

EA

Aufgabe 1: *Welche Pflanzen können sich den extremen Bedingungen anpassen und tragen zur Entstehung der Vordünen bei?*

____

____

Lernwerkstatt WATTENMEER
Ein Lebensraum zwischen Ebbe und Flut – Bestell-Nr. 12 016

VII. Dünen

Watt – Arten und Zusammensetzung

EA

Aufgabe 2: a) *Wie wird die Vordüne auch genannt?*

____

b) *Nenne die 2 weiteren Dünen-Arten.*

____

EA

Aufgabe 3: *Beschreibe die Binsen-Quecke.*

a) ☐ 1-5 cm lange, braune Blätter mit gerippter Unterseite
b) ☐ 10-35 cm lange, dunkelgrüne Blätter mit glatter Unterseite
c) ☐ 8-15 cm lange, helle Blätter mit welliger Unterseite

EA

Aufgabe 4: *Was macht die Quecke, um den Wasserverlust zu senken?*

____

____

EA

Aufgabe 5: *Auf welcher Insel gibt es noch einige Wanderdünen?*

____

Lernwerkstatt WATTENMEER
Ein Lebensraum zwischen Ebbe und Flut – Bestell-Nr. 12 016

VIII. Deiche

Deiche

Deiche sind für die Menschen im Wattenmeer von großer Bedeutung. Bei Sturmfluten schützen sie das Festland vor der starken Brandung und somit das Land vor Überflutungen.

Der Kern des Deiches besteht aus Sand, über den eine Schicht entwässerter Schlickboden aufgetragen wird, der von einem dichten Grasrücken zusammengehalten wird. Deiche werden heutzutage so errichtet, dass sie zur Seeseite hin flach und lang auslaufen. So haben die ankommenden Wellen keinen extremen Widerstand und können ausrollen, verlieren dabei an Kraft.

Die Seeseite ist überwiegend mit Steinen und einer flachen Außenböschung befestigt (festes Gras). Die Innenböschung zur Landseite ist steiler. Die Deichkrone liegt ca. 8 m über dem mittleren Hochwasserstand.

Auf den Deichen weiden Schafe, um das Gras kurz und dicht zu halten. Zudem treten sie mit den Füßen das Erdreich fest. Bei längerem Hochwasser kann der Deich aufweichen, sodass die Gefahr eines Deichbruchs besteht.

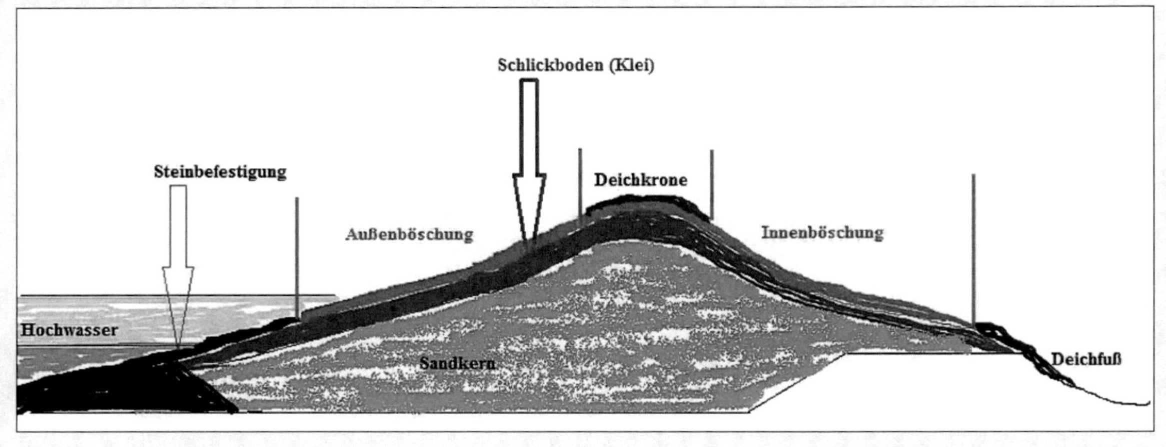

EA

Aufgabe 1: a) *Wie heißt der oberste Teil des Deiches?*

____

b) *Wie wird der unterste Bereich zum Inland hin genannt?*

____

PA

Aufgabe 2: *Wie ist ein Deich aufgebaut? Seht euch zunächst die Abbildung an. Versucht danach zu zweit einen Deich zu zeichnen und beschriftet ihn.*

VIII. Deiche

EA

Aufgabe 3: *Woraus besteht der Kern des Deiches?*

A ☐ aus Kies **B** ☐ aus Sand **C** ☐ aus Torf

EA

Aufgabe 4: **a)** *Sind Deiche zur Seeseite hin flach und lang auslaufend oder steil ansteigend?*

____

b) *Warum werden die Deiche so errichtet?*

____

____

____

EA

Aufgabe 5: **a)** *Welche Tiere weiden auf den Deichen?*

A ☐ Kühe **B** ☐ Schafe **C** ☐ Pferde

b) *Warum ist gerade dieses Tier so wichtig für den Deich?*

____

____

c) *Worin besteht die Gefahr bei längerem Hochwasser?*

____

____

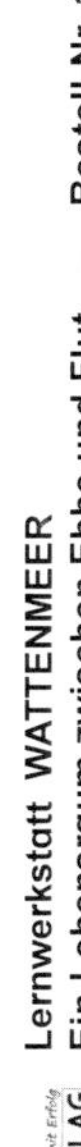

IX. Pflanzen

Pflanzen in der Nordsee

An den Strand gespülten und inzwischen getrocknetes Seegras, Muschel & Qualle

Algen leben frei schwimmend im Meer bzw. auf dem Wattboden. Einzelne Algenarten lagern sich auf Muschelschalen ab. Eine weitverbreitete Algenart ist der Blasentang und weitere Tang-Arten.

Er befindet sich in der nicht ständig überfluteten Zone und besitzt Blasen, die aus einem Gemisch aus Sauerstoff und Gas bestehen und der Schwimmfähigkeit dienen.

Das **Seegras** hat sich ebenfalls an die ständigen Überflutungen angepasst. Es ist bei Flut komplett unter Wasser. Es ist eigentlich ein Krautgewächs, wird aber aufgrund seines Aussehens so genannt. Das Seegras bildet unter Wasser regelrechte Seegraswiesen, die als Schutz und Lebensraum für verschiedene Tierarten gelten (z. B. als Laichplatz für Fische) und ist daher von großer Bedeutung.

Gefährdet wird das Seegras im tieferen Wasser zum Beispiel von Schleppnetzen, die es zerstören.

EA **Aufgabe 1:** *Nenne Pflanzen, die im Meer vorkommen.*

____

____

EA **Aufgabe 2:** *Was bildet das Seegras?*

a) ☐ Seegraskolonien b) ☐ Seegraswiesen

c) ☐ Seegrasteppich

EA **Aufgabe 3:** *Was gefährdet z.B. das Seegras im tieferen Wasser?*

____

____

EA **Aufgabe 4:** *Bilde sinnvolle Sätze.*

Das Seegras	leben freischwimmend	Blasen aus Gas- und Sauerstoffgemisch
Der Blasentang	bildet	im Meer
Die Algen	zerstören	Seegraswiesen
Schleppnetze	besitzt	Seegras

Lernwerkstatt WATTENMEER
Ein Lebensraum zwischen Ebbe und Flut – Bestell-Nr. 12 016
KOHL VERLAG

IX. Pflanzen

Pflanzen im Vorland und in den Salzwiesen

Der **Queller** ist eine echte Salzpflanze. Er kann trotz Ebbe und Flut auf Schlickstränden überleben. Die saftig-grüne Pflanze verfärbt sich während des Sommers oft rötlich.

Zudem quillt sie im Laufe des Sommers auf, da sie neben Salz zum Ausgleich auch Wasser aufnimmt. Ohne die zusätzliche Wasseraufnahme würde die Pflanze sonst vertrocknen.

In den Salzwiesen leben noch weitere Pflanzen, die einen hohen Salzgehalt vertragen und daher problemlos in dem salzigen Bereich überleben können:

Die **Strandaster** wird zwischen 30 und 50 cm hoch und lockt mit ihren vielen Blüten Bienen und andere Insekten an.

Die **Strandgrasnelke** ist etwas kleiner und kommt teilweise auch in den Salzwiesen vor. Sie entzieht dem Boden giftige Stoffe und ist daher keine genießbare Pflanze für Tiere wie Kühe und Schafe.

Der **Strandflieder** wird 15 bis 30 cm hoch und hat seinen Namen wegen der fliederfarbenen blau-lila Blüten.

EA

Aufgabe 5: **a)** *Welche Pflanze ist bei Bienen und anderen Insekten sehr beliebt?*

____

____

b) *Aus welchem Grund nimmt der Queller im Sommer zusätzlich Wasser auf?*

____

____

c) *Wieso ist die Strandgrasnelke für Tiere wie Kühe und Schafe ungenießbar?*

____

____

Lernwerkstatt WATTENMEER
Ein Lebensraum zwischen Ebbe und Flut – Bestell-Nr. 12 016
KOHL VERLAG

IX. Pflanzen

Pflanzen in den Dünen

Nachdem Salzmiere und Quecke in den Vordünen zum Wachstum der Düne beigetragen haben, spielt in der Weißdüne der Strandhafer für die Befestigung und Stabilisierung eine wichtige Rolle.

Das lange Wurzelwerk dringt tief in die Dünen ein, hält so den losen Sand und festigt die Düne.

Der Strandhafer ist ein wahrer Überlebenskünstler, da das Regenwasser rasch durch den Sand sickert und die Pflanze so wenig Wasser bekommt. Da die salzhaltige Luft zudem noch die Wasseraufnahme erschwert, hat sich der Strandhafer den wüstenähnlichen Bedingungen angepasst und ist zusammen mit der Stranddistel oft die einzige Pflanzenart, die auf den Dünen wächst.

EA

Aufgabe 6: *Welche Pflanzenarten kommen in den Dünen vor?*

____

____

____

EA

Aufgabe 7: a) *Welche Bedingungen herrschen in den Dünen?*

A ☐ subtropisch B ☐ wüstenähnlich

C ☐ wechselfeucht tropisch

b) *Womit festigt der Strandhafer die Dünen?*

A ☐ mit extrem kurzem Wurzelwerk

B ☐ mit flachen und weit verbreiteten Wurzeln

C ☐ mit seinem langen Wurzelwerk

PA

Aufgabe 8: *Die Wörter sind durcheinandergeraten. Ordnet sie sinnvoll.*

a) T D I R A S T N E D L S
b) E C U Q K E
c) R Z E I L A M S E
d) S E N Ü D W I S E
e) R W E Z R K U W L E
f) D A R N H E S T R A F
g) N Z E P A F R L A N T
h) E B N T R Ü L E Ü S K E S L E R N B

IX. Pflanzen

Pflanzen auf den Deichen

Auf den Deichen wächst Gras möglichst dicht aneinander, damit der Deich den Fluten ohne Probleme standhalten kann. Die Schafe fressen das Gras und halten es dadurch kurz, so wird der Deich gefestigt.

EA

Aufgabe 9: *Trage die gesuchten Begriffe in das Kreuzworträtsel ein. Die Buchstaben in den grauen Kästchen ergeben ein Lösungswort.*

1. Deichpflanze
2. Gezeiten-Art
3. Nesseltier
4. Salzpflanze
5. Dünen-Pflanze
6. Meerespflanze
7. Schmetterling der Salzwiesen
8. Federwechsel bei Vögeln
9. Fangarme der Qualle
10. Kleinstlebewesen
11. Watt-Art
12. ostfriesische Insel
13. nordfriesische Insel

Lösungswort:

__ __ __ __ __ __ __

Lernwerkstatt WATTENMEER
Ein Lebensraum zwischen Ebbe und Flut – Bestell-Nr. 12 016
KOHL VERLAG

IX. Pflanzen

EA

Aufgabe 10: *Kreuze die richtigen Antworten an.*

a) Ich bin sehr wichtig, da mein Wurzelwerk die Düne festigt. Da ich auch mit wenig Wasser auskomme, bin ich ein echter Überlebenskünstler.

A ☐ die Strandpalme B ☐ der Strandhafer
C ☐ der Strandbaum

b) Ich schwimme frei im Meer herum und lebe auch manchmal auf Muschelschalen. Ich heiße ...

A ☐ Moos. B ☐ Alge. C ☐ Meer-Pilz.

c) Ich bin eine echte Salzpflanze und quelle während des Sommers auf, deshalb nennt man mich ...

A ☐ Qualle. B ☐ Salzlilie. C ☐ Queller.

d) Wodurch machen sich Schafe auf einem Deich nützlich?

A ☐ Schafe sorgen für einen größeren Artenreichtum, weil sie neue Grassamen einschleppen.
B ☐ Schafe fressen das auf dem Deich wachsende Gras, so wird es kurz gehalten und der Deich wird gefestigt.
C ☐ Schafe trampeln mit ihren Pfoten die Erde fest.

EA

Aufgabe 11: *Ich lebe im Wasser und bilde dort sogenannte Wiesen. Ich heiße:*

____

Aufgabe 12: *Bildet Gruppen zu 4-5 Personen. Eine Person pro Gruppe sucht sich eine Pflanze aus, die sie beschreibt. Der Rest der Gruppe rät, um welche Pflanze es sich handelt. Reihum wird geraten.*

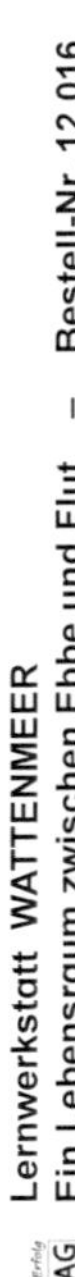

X. Tiere

Tiere in der Nordsee I

Der Schweinswal ist der kleinste unter den Walen und wird bis 1,90 m lang. Er hat einen dunkelgrau gefärbten Körper mit heller Bauchseite und kann nur 6 Minuten die Luft anhalten. Verfängt er sich in einem Fischernetz, kann er daher ertrinken. In der südlichen Nordsee leben noch ca. 30.000 bis 40.000 Schweinswale, die sich hauptsächlich von Fischen und Krebstieren ernähren.

Neben Scholle, Seezunge und Hering gibt es auch einige Fischarten, die das Wattenmeer durchqueren: Lachs, Meerforelle und Aale ziehen auf ihrer Wanderung durch das Wattenmeer.

Quallen sind schirm- oder glockenförmige Nesseltiere mit einem Durchmesser von ca. 1 bis 30 cm. Sie schwimmen im Meer herum, lassen sich von der Strömung treiben und bewegen sich durch pulsierende Bewegungen ihres Schirmes, der zu 97 % aus Wasser besteht.

Unter dem Rand ihres Schirmes sitzen spezielle Fangarme (Tentakeln), die bei Berührung einen langen Faden mit Gift herausfahren. So werden Feinde abgewehrt und Beute gelähmt. Die häufigsten in der Nordsee vorkommenden Quallen sind die Ohren- und die Kompassqualle. Sie werden im Sommer oft an Strände gespült.

Außerdem finden wir in der Nordsee viele Stachelhäuter wie z. B. Seesterne und Seeigel.

EA

Aufgabe 1: *Wie viele Schweinswale leben etwa in der südlichen Nordsee?*

____

____

____

EA

Aufgabe 2: *Nenne Fischarten, die das Wattenmeer durchqueren.*

____

____

____

KOHL VERLAG
Lernwerkstatt WATTENMEER
Ein Lebensraum zwischen Ebbe und Flut – Bestell-Nr. 12 016

Tiere in der Nordsee II

Die **Kegelrobbe** ist ein Raub- und Säugetier. Sie jagt Fische wie Hering, Lachs und Dorsch und hat ihren Namen von der Kopfform, die von der Seite eindeutig an einen kurzen Kegel erinnert. Die Robbe ist mit einer Länge von bis zu 3 m größer als ein Seehund und kann bis 300 kg wiegen.

Nach 11,5 Monaten Tragzeit bringt ein Weibchen im Winter ein Junges an Land zur Welt. Das Junge hat zunächst ein helles Fell, das sich nach ca. 5 Wochen dunkel färbt und dann erst wasserabweisend ist.

Mit ihren Barthaaren kann die Kegelrobbe die Bewegungen von Fischen spüren, noch bevor sie die Beute überhaupt sieht. Da die Hinterbeine zu einer einzigen kräftigen Flosse verwachsen sind, kann die Robbe dadurch blitzschnell wie ein Torpedo durchs Wasser zischen. Dabei kann sie etwa 20 Minuten die Luft anhalten und taucht teilweise bis 150 m tief. Die Zehen der Vorderflossen enden in einer kräftigen Kralle. Damit können sich die Robben auf Erde oder Eis festkrallen. Durch die „Bananenstellung" verhindert die Robbe Wärmeverlust im flachen Wasser, indem sie das Hinterteil aus der Nässe hebt.

Der **Seehund** ist die bekannteste Robbenart, wird zwischen 1,5 und 2 m lang und bis etwa 100 kg schwer. Er schwimmt und taucht ebenfalls sehr gut und kann bis 30 Minuten die Luft anhalten. Bei Ebbe ruht sich der Seehund gerne auf vorgelagerten Sandbänken aus. Von Geburt an trägt er im Gegensatz zur Kegelrobbe sein fertiges Seehundfell. Er ernährt sich überwiegend von Fischen und Krebsen.

EA

Aufgabe 3: *Kreuze die richtigen Antworten an.*

a) Wie lange dauert die Tragzeit der Kegelrobbe?

A ☐ 6 Monate **B** ☐ 9,5 Monate
C ☐ 11,5 Monate

b) In welcher Jahreszeit bringt ein Kegelrobbenweibchen ihr Junges zur Welt?

A ☐ im Sommer **B** ☐ im Herbst
C ☐ im Winter

c) Wie tief kann eine Kegelrobbe tauchen?

A ☐ 40 Meter **B** ☐ 95 Meter **C** ☐ 150 Meter

d) Wie viele Minuten kann ein Seehund während des Tauchens die Luft anhalten?

A ☐ 12 Min. **B** ☐ 30 Min. **C** ☐ 40 Min.

KOHL VERLAG Lernwerkstatt WATTENMEER Ein Lebensraum zwischen Ebbe und Flut – Bestell-Nr. 12 016

X. Tiere

Tiere im Watt I

Das Watt gehört zu den reichsten und produktivsten Ökosystemen der Erde. Bis zu 100.000 Tiere leben auf einer Fläche von ein mal einem Meter.

Darunter sind bis zu 40.000 **Schlickkrebse**. Sie sind nur ca. 8-10 mm klein und die Lieblingsbeute von Garnelen und Vögeln.

Im Mischwatt lebt der **Wattwurm** (Köderwurm). Er ist einer von fast 100 Borstenwurmarten. Ihn bekommt man zu sehen, wenn man ihn aus seiner unterirdischen Röhre ausgräbt. Überall im Watt aber findet man die kleinen, spiralförmig gewundenen Kothäufchen, die der bis 35 cm lange Wurm an einem Ende seiner Wohnröhre auftürmt. Er legt eine U-förmige Röhre an. Den untersten Teil, sein Wohnbereich, kleidet er mit erhärtetem Schleim aus. So kann dort nichts einstürzen. Überflüssigen Sand nimmt er mit seinem Rüssel auf, verdaut ihn und scheidet den gereinigten Sand dann am Ende seiner Wohnröhre wieder aus. Er filtert so die obere Schicht des Wattbodens. Täglich frisst er 8 Stunden lang und scheidet alle 40 Minuten 3-5 cm lange Kothäufchen aus.

Die **Nordseegarnele** versteckt sich tagsüber im Schlick, nur die Augen und Fühler sind sichtbar. Sie jagt Würmer und Schnecken. Bei Ebbe lassen sich die Tiere mit dem abfließenden Wasser ins Meer hinaustragen und kehren mit der Flut wieder zurück in die Priele.

Die **Strandkrabbe** lebt in der Gezeitenzone auf Sand- und Schlickboden, wandert mit der Ebbe seewärts und kehrt mit der Flut wieder zurück ins Watt. Teilweise gräbt sie sich bei Trockenfallen des Watts in den Sand oder versteckt sich unter Steinen und Tang. Sie läuft seitwärts, geht nachts auf Nahrungssuche und ernährt sich von Muscheln, Würmern, kleinen Krabben und Fischen.

EA

Aufgabe 4: *Wie viele Tiere leben auf einer Fläche von 1m² Watt?*

a) ☐ bis zu 20.000 **b)** ☐ bis zu 80.000

c) ☐ bis zu 100.000

EA

Aufgabe 5: **a)** *In welchem Bereich des Watts lebt der Wattwurm?*

____

b) *Wovon ernährt sich die Strandkrabbe?*

____

Tiere im Watt II

Der **Einsiedlerkrebs** hat einen weichen, ungepanzerten Hinterleib, den er schützen muss. Also sucht er sich ein leeres Schneckenhaus und verankert darin seinen Hinterleib mit Greifhaken. Während des Wachstums muss sich der bis zu 3,5 cm lange Krebs mehrmals ein größeres Schneckenhaus suchen.

Muscheln sind häufig im Watt zu finden, leben im Boden vergraben (z.B. Herzmuschel) oder direkt an der Oberfläche (z.B. **Schwarze Miesmuschel**).

Die **Miesmuschel** hat eine wichtige Aufgabe. Sie reinigt das Wasser von Plankton, Schwermetallen und organischen Giften. Sie filtert pro Stunde bis zu 2 l Wasser. Mit ihren selbst produzierten Eiweißhaftfäden „kleben" sich die Muscheln aneinander und bilden so große Muschelbänke (bis zu 1.500 Tiere pro m²). Da sie bei den Menschen als Delikatesse gelten, werden die Miesmuscheln auch in „Muschelgärten" an Holzpfählen gezüchtet.

Seepocken leben an Steinen und ernähren sich von feinen Schwebstoffen, die sie aus dem Wasser filtern.

Die **Gemeine Napfschnecke** hat nicht die übliche Schneckenform, sondern ist napfförmig. Sie lebt auf felsigem Untergrund und saugt sich dort mit Hilfe ihres Fußes fest. So übersteht sie problemlos starke Wellen. Nachts wandert sie im Umkreis von ca. 1 m umher und ernährt sich von Algenbewuchs, kehrt aber immer an dieselbe Stelle zurück.

EA

Aufgabe 6: *Wie viele Liter Meerwasser filtert die Miesmuschel in der Stunde?*

a) ☐ 1 Liter　　b) ☐ 2 Liter

c) ☐ 3 Liter

EA

Aufgabe 7: a) *Wo lebt der Einsiedlerkrebs?*

____

b) *Wovon ernährt sich die Gemeine Napfschnecke?*

____

KOHL VERLAG Lernwerkstatt WATTENMEER
Ein Lebensraum zwischen Ebbe und Flut – Bestell-Nr. 12 016

Tiere in den Salzwiesen und im Vorland

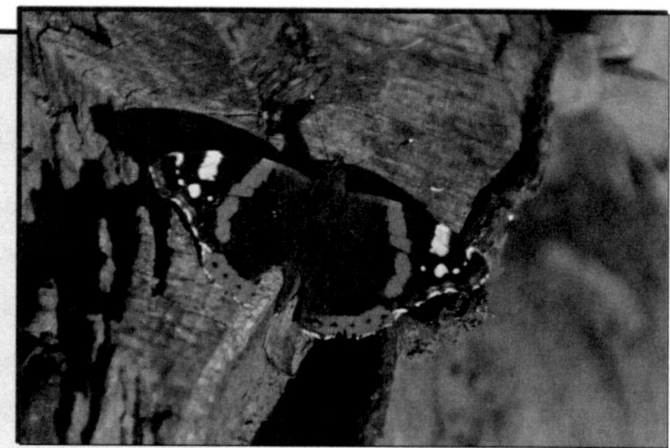

In den Salzwiesen gibt es etwa 1.650 Tierarten mit einer Größe über 1 mm, darunter zahlreiche Insekten- und Spinnenarten, Käfer und Schmetterlinge (zum Beispiel der Admiral).

Der Admiral ist ein Wanderfalter, das bedeutet, er lebt nicht dauerhaft in den Salzwiesen des Wattenmeeres. Im Winter lebt er wegen des wärmeren Klimas südlich der Alpen und fliegt im späten Frühjahr nach Norden. Er ernährt sich vom Nektar der Pflanzen (z.B. Strandaster).

Der Salzkäfer musste sich ebenfalls an für ihn schwierige Bedingungen anpassen. Sein Chitinpanzer ist mit einer wasser- und salzundurchlässigen Schicht überzogen und schützt ihn so vor dem Salzwasser. Nach Regenfällen frisst er verstärkt, um nicht zu viel Salz aufzunehmen. Außerdem sammelt er dann Nahrung, die er als Vorrat in seiner Wohnröhre im Boden deponiert.

Auch viele Vögel sind hier auf Nahrungssuche oder brüten in den Salzwiesen. Sie bauen ihre Nester am Boden und ziehen ihre Jungen dort auf. Hier sind sie vor den Menschen geschützt.

EA

Aufgabe 8: **a)** *Nenne einige Tierarten, die in diesem Gebiet vorkommen.*

____

____

b) *Beschreibe, warum der Admiral ein Wanderfalter ist.*

____

____

c) *Was schützt den Körper des Salzkäfers vor Wasser und Salz?*

____

d) *Wohin bringt der Salzkäfer seine Vorräte?*

____

KOHL VERLAG Lernwerkstatt WATTENMEER
Ein Lebensraum zwischen Ebbe und Flut – Bestell-Nr. 12 016

X. Tiere

Tiere in den Dünen

In den Dünentälern sammelt sich Feuchtigkeit, sodass eine Art flacher Tümpel entsteht. Dies ist ein optimaler Lebensraum für die Kreuzkröte. Sie wird nur 6 cm groß und hat besonders kurze Hinterbeine. Daher hüpft sie auch nicht wie ein Frosch, sondern bewegt sich mausartig krabbelnd vorwärts.

Des Weiteren bietet der Dünenbereich vielen Insekten (Käfern und Schmetterlingen) ein Zuhause.

Silbermöwen und weitere Vogelarten (z.B. Brandgänse) bauen ihre Nester in den Dünen und brüten dort.

EA

Aufgabe 9: a) *Welches Tier lebt hauptsächlich im feuchten Bereich der Dünentäler?*

____

b) *Was ist das Besondere an diesem Tier?*

____

____

c) *Nenne noch weitere Tierarten, die in den Dünen vorkommen.*

____

____

PA

Aufgabe 10: *Bringt die durcheinandergeratenen Buchstabenwieder in die richtige Reihenfolge.*

a) R E W I L S Ö B E M
b) D A G B A S N R N
c) E R Z Ö K T U K R E
d) I G E L T M E S R H C N T
e) Ü D R E N L E T Ä N
f) F E Ä R K

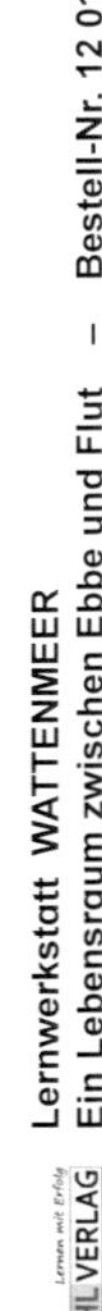

Vögel im Wattenmeer

Der **Alpenstrandläufer** ist mit seinen 1.300.000 Artgenossen der häufigste Zugvogel im Wattenmeer. Er bevölkert im Frühjahr und Herbst das Watt. Dort frisst er verschiedene Wasserorganismen, bis er genug zugenommen hat und weiterfliegen kann.

Der **Austernfischer** ist ganzjährig anwesend, brütet und überwintert im Wattenmeer und ernährt sich hauptsächlich von Muscheln. Er schlägt mit seinem kräftigen, roten und langen Schnabel Herzmuscheln auf und verzehrt das Muschelfleisch. Außerdem stochert er im Schlick nach Wattwürmern.

Bei Ebbe finden die Vögel ausreichend Nahrung. Während der Flut ziehen sie sich auf die Rastplätze zurück, putzen ihr Gefieder und ruhen sich aus.

Alle **Brandgänse** Nord- und Mitteleuropas kommen Anfang August zum Federwechsel (Mauser) ins Wattenmeer. Ca. 200.000 Tiere versammeln sich dann im Watt. Da sie während der Mauser flugunfähig sind, halten sie sich dort auf, weil sie keine Feinde fürchten müssen. Ansonsten sind sie überall an der Küste anzutreffen, vor allem im Schlickwatt, wo sie Wattschnecken finden.

Die **Silbermöwe** sehen wir sehr häufig am Strand oder im Meer. Sie ist ein Allesfresser, ernährt sich jedoch überwiegend von Meerestieren und brütet im Dünenbereich.

EA

Aufgabe 11: *Setze die passenden Wörter in den Lückentext.*

- Der Alpenstrandläufer lebt in den Jahreszeiten ______________ und ______________________ im Watt.
- Das ganze Jahr über lebt der __________________________ im Wattenmeer.
- Sein Merkmal ist der kräftige, rote und lange _______________ , mit dem er die Herzmuscheln aufschlägt.
- Ihre hauptsächliche Nahrung finden die Vögel bei ____________ .
- Die Brandgänse kommen zum Federwechsel, auch ____________ genannt ins Wattenmeer.
- Sie können während dieser Zeit nicht ____________________ und halten sich dort auf, da sie dann keine ________________ fürchten müssen.

KOHL VERLAG Lernwerkstatt WATTENMEER Ein Lebensraum zwischen Ebbe und Flut – Bestell-Nr. 12 016

X. Tiere

EA

Aufgabe 12: *Setze die passenden Wörter in den Lückentext.*

- Der ______________________________ hat einen weichen, ungepanzerten Hinterleib. Deshalb schützt er ihn, indem er sich ein leeres ______________________________ sucht.
- Dieser Wurm lebt im Watt und heißt daher ________________ . Er gräbt unterirdische Röhren, nimmt überflüssigen Sand mit dem ________________________ auf, reinigt ihn und scheidet alle ______ Minuten Kothäufchen aus.
- Die ________________________ läuft seitwärts, geht nachts auf Nahrungssuche und versteckt sich bei Niedrigwasser unter ____________________ und Tang.
- Der ______________________ ist der häufigste Zugvogel im Wattenmeer.

- Der Schirm der Qualle besteht zu 97 % aus ______________ , ihre Fangarme werden auch ______________________ genannt.

EA

Aufgabe 13: *Bilde sinnvolle Sätze.*

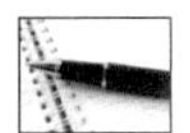

Die Brandgänse	ist	der häufigste Zugvogel im Wattenmeer.
Die Silbermöwe	kommen	zum Federwechsel ins Wattenmeer.
Der Alpenstrandläufer	ziehen	sich die Vögel auf die Rastplätze zurück.
Während der Flut	ist	ein Allesfresser.

X. Tiere

EA

Aufgabe 14: *Setze die passenden Wörter in den Lückentext.*

- Die ______________________________ ist ein Allesfresser und brütet im Dünenbereich.
- Die ______________________________ lebt direkt an der Oberfläche. Diese Muschel ist sehr wichtig, weil sie das Meerwasser reinigt. Muschelbänke entstehen, indem die Muschen ihre selbst produzierten ____________________ an die anderen Muscheln „kleben“.
- Die ____________________ leben auf dem Deich und fressen dort das Gras, damit der Deich schön fest und stabil bleibt. Eine große Gefahr für die Deiche sind die ____________________ , die sich durch die Deiche nagen können und ihn somit aushöhlen.
- Seehunde liegen gerne auf vorgelagerten ____________________.
- Im Gegensatz zu den Jungen der Seehunde haben die Jungen der Kegelrobbe zunächst ____________________ Fell. Es färbt sich erst nach ca. 5 Wochen dunkel.

PA

Aufgabe 15: *Fügt die geteilten Wörter sinnvoll zusammen.*

		Deine Zusammensetzungen:
Schweins-	- häuter	
Kreuz-	- muschel	
Salz-	- krebs	____________________
See-	- schnecke	
Mies-	- kröte	____________________
Einsiedler-	- pocken	
Napf-	- wurm	____________________
Watt-	- käfer	
Kegel-	- wal	____________________
Stachel-	- robbe	____________________

Lernwerkstatt WATTENMEER
Ein Lebensraum zwischen Ebbe und Flut – Bestell-Nr. 12 016
KOHL VERLAG

X. Tiere

Nahrungskette im Wattenmeer

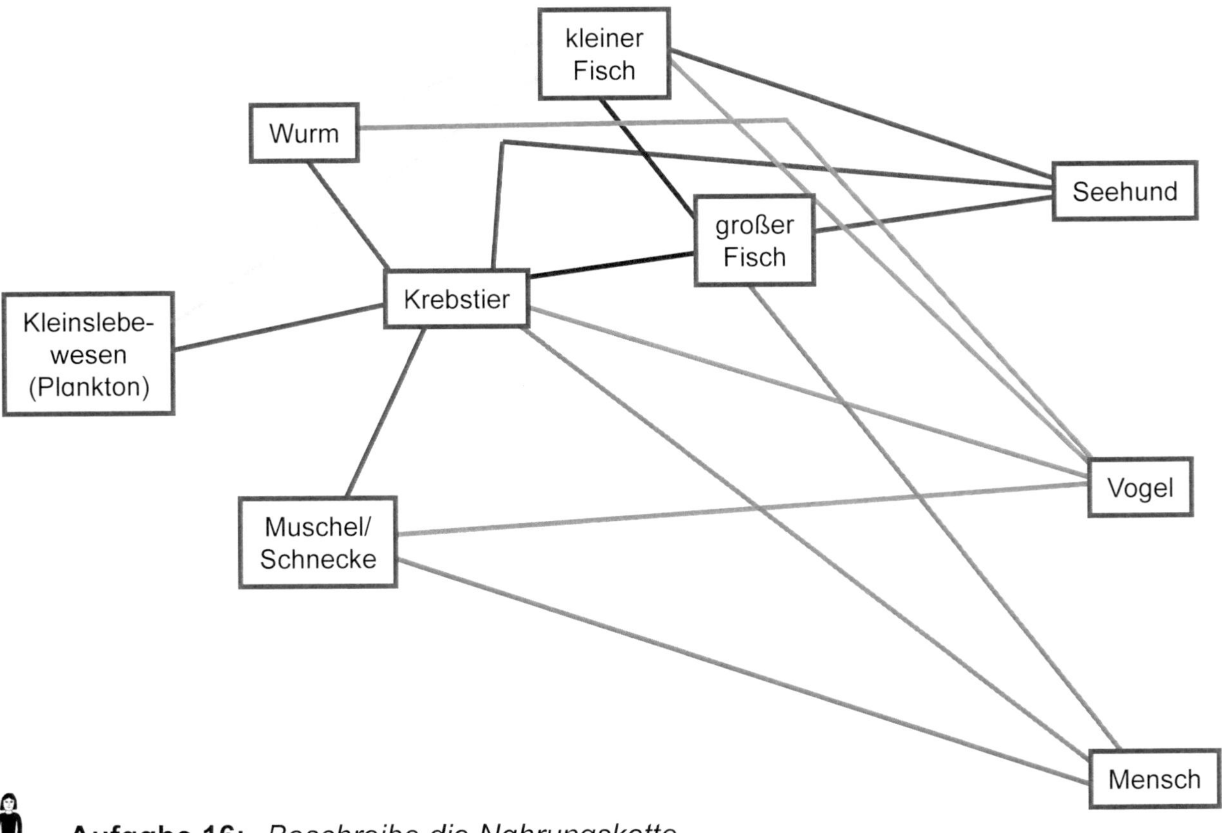

EA

Aufgabe 16: *Beschreibe die Nahrungskette.*

a) Wovon ernährt sich der Seehund?

____

b) *Was frisst der Vogel?*

____

c) *Von welchen Tieren wird der Wurm gefressen?*

____

____

d) *Kleinstlebewesen (Plankton) dienen welchen Tieren als Nahrung?*

____

e) *Was isst der Mensch?*

____

KOHL VERLAG Lernen mit Erfolg
Lernwerkstatt WATTENMEER
Ein Lebensraum zwischen Ebbe und Flut – Bestell-Nr. 12 016

XI. Menschen und das Wattenmeer

Leben mit dem Wattenmeer

Das Leben auf einer Insel im Wattenmeer unterscheidet sich sehr von dem eines Festlandbewohners. Lebensmittel werden teilweise mit dem Schiff vom Festland auf die Inseln gebracht.

Auf Baltrum bringt z.B. ein kleines Motorflugzeug dringend benötigte Sachen. Der restliche Transport erfolgt mit dem Schiff „Baltrum-Linie“, das Platz für 500 Passagiere bietet und extra für das Wattenmeer gebaut wurde. Der Kapitän wohnt auf Baltrum, die Besatzung lebt auf dem Schiff. Dreimal täglich fährt die Fähre zum Festland und wieder zurück. Die Abfahrtzeiten richten sich nach dem Wasserstand. Bei Niedrigwasser oder Sturmfluten sind keine Fahrten möglich. Im Notfall müssen sich die Inselbewohner selbst zu helfen wissen. Auf Baltrum gibt es keinen offiziellen Handwerker. „Max“, der auch Bollerwagen für Touristen verleiht, ist ehemaliger Schmied und Heizungsbauer und repariert auf der Insel alles, was möglich ist.

Borkum wird mehrmals täglich von einem Kleinflugzeug mit wichtigen Dingen (auch der Tageszeitung) beliefert.

Ein sogenannter Inselbote kümmert sich seit 30 Jahren auf Norderney um die Bedürfnisse der Insulaner. Er entlastet die Insulaner, die für manche Dinge wie Behördengänge oder Einkäufe im Baumarkt extra auf das Festland müssten.

Viele Insulaner leben vom Tourismus, vermieten Ferienwohnungen, leiten Cafés oder Restaurants oder sind auf Krabben- und Fischfang. Obwohl Familientraditionen fortgeführt werden sollen, kommt es dennoch heutzutage häufig vor, dass junge Erwachsene die Insel verlassen, um auf dem Festland zu leben.

EA

Aufgabe 1: *Wie heißt das Schiff, das extra für die Fahrt vom Festland zur Insel Baltrum gebaut wurde?*

a) ☐ Nordsee-Express b) ☐ Watt-Fähre

c) ☐ Baltrum-Linie

PA

Aufgabe 2: *Erstellt eine Tabelle wie unten dargestellt in eurem Heft/Ordner. Ordnet die nachstehenden Begriffe in die Tabelle ein (Mehrfachnennungen sind möglich).*

Inselbote – Handwerker Max – 3x täglich – Fähre – 500 Passagiere
Bollerwagen – Motorflugzeug – ehemaliger Schmied - Kapitän
Behördengänge/Einkäufe – Tourismus

Baltrum	Borkum	Norderney
.....		

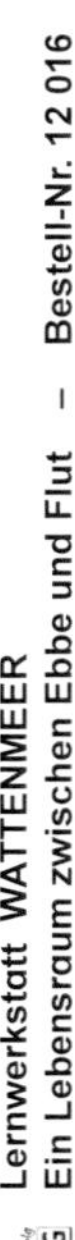

XI. Menschen und das Wattenmeer

Leben auf einer Hallig

Auf einer Hallig zu leben, ist nicht so einfach. Das Leben spielt sich auf engstem Raum ab. Die Bewohner leben zum Teil vom Tourismus, da sie Ferienwohnungen vermieten.

Auf Oland gibt es eine kleine Bücherei, die einmal pro Woche für eine Stunde geöffnet hat. Eine kleine Gastwirtschaft und Kirche ist der einzige Treffpunkt für die Bewohner, für die Zusammenhalt sehr wichtig ist. Die auf der Hallig lebenden Kinder werden gemeinsam in einer Schule von einer Lehrerin unterrichtet. In einem Klassenzimmer findet so gleichzeitig Mathe-, Deutsch- und Geschichtsunterricht statt. Für viele Kinder ist es wie Privatunterricht. Allerdings müssen Schüler auf dem Festland unterrichtet werden, möchten sie ein Gymnasium besuchen. Sie gehen dann dort oft auf ein Internat, um nicht ständig hin- und herfahren zu müssen.

Auch die Versorgung mit Lebensmitteln verläuft anders als wir das vom Festland kennen. Brauchen wir etwas, gehen wir mal schnell zum Supermarkt. Auf den Halligen gibt es keinen richtigen Supermarkt. So werden die Halligen Langeneß und Oland donnerstags bzw. mittwochs mit Lebensmitteln per Fähre beliefert. Die Bestellungen der Waren erfolgen bis 24 h vor Abfahrt der Fähre.

Droht ein schwerer Sturm mit Überflutungen, sind die Bewohner heutzutage besser geschützt als früher. Alle neueren Gebäude haben einen speziellen Schutzraum im Obergeschoss, der mit ca. 6 m langen Stahlbetonpfeilern in die Warft hineinreicht und somit selbst bei stärkstem Sturm sicher sein soll. Nach und nach steigt das Wasser und die Wiesen verschwinden im Meer. Teilweise werden auch die Warften bis zu den Häusern überflutet.

Möchten die Bewohner mit der Lore zum Festland, müssen sie ihre Fahrt genau planen und das Niedrigwasser abwarten. Auch bei Sturm, Nebel und Gewitter müssen sie auf der Hallig bleiben.

Viele größere Halligen haben einen Arzt. Bei akuten Notfällen kommt der Rettungshubschrauber, wenn das Wetter es zulässt.

Auf der Hallig Hooge übernimmt ein Krankenpfleger die Aufgaben des Arztes. Sein Nachbar, ein Bauer, züchtet Schafe und kümmert sich neben seinem Hofladen auch um die Müllabfuhr und die Postzustellung. Viele Halligbewohner übernehmen auch die Aufgaben des Küstenschutzes.

Einige Tiere kommen den Sommer über vom Festland auf die Halligen, um die Halligwiesen kurz und fest zu halten.

Lernwerkstatt WATTENMEER
Ein Lebensraum zwischen Ebbe und Flut – Bestell-Nr. 12 016
KOHL VERLAG

Aufgabenblatt Hallig und Insel

EA

Aufgabe 3: *Verbinde folgende Satzteile so miteinander, dass sie einen sinnvollen Satz ergeben.*

Viele Insulaner leben …	1 ○	○ A	… werden gemeinsam von einer Lehrerin unterrichtet.
Viele Lebensmittel werden …	2 ○	○ B	… in einem speziellen Schutzraum im Haus aufhalten.
Kinder, die auf einer Hallig leben, …	3 ○	○ C	… vom Tourismus.
Bei Überflutungen können sich die Hallig-Bewohner …	4 ○	○ D	… mit dem Schiff oder Kleinflugzeug auf die Insel gebracht.

EA

Aufgabe 4: **a)** *Auf welcher Hallig gibt es sogar eine eigene Bücherei?*

____

____

____

b) *Wovon leben viele Hallig-Bewohner und Insulaner?*

____

c) *Welche Aufgabe übernehmen viele Hallig-Bewohner außerdem?*

____

____

PA

Aufgabe 5: *Untersucht zu zweit die Vor- und Nachteile vom Leben auf einer Hallig oder Insel und notiert sie stichpunktartig.*

Vorteile	Nachteile

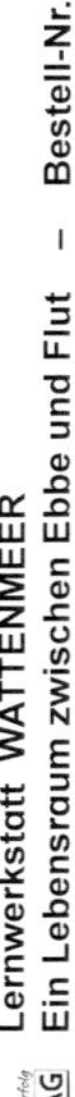

Lernwerkstatt WATTENMEER
Ein Lebensraum zwischen Ebbe und Flut – Bestell-Nr. 12 016

XII. Wattwanderung

Wattwandern

Wattwanderungen sollten grundsätzlich nur mit erfahrenen Watt-Führern gemacht werden, da es sonst viel zu gefährlich wäre. Bei aufkommender Flut werden zuerst die Priele geflutet, so kann der Rückweg abgeschnitten werden. Zudem kann plötzlich Nebel aufziehen, der ohne Watt-Führer zu Orientierungsverlusten führt.

Im Sandwatt kann man ganz bequem barfuß laufen, im Schlick ist festes Schuhwerk besser, da die Miesmuscheln eventuell die Füße verletzen könnten.

Auf einer Wattwanderung gibt es sehr viel zu entdecken: Muscheln, Krebse und kleine Fische, die in den Prielen leben oder auch den Wattwurm, den der Watt-Führer ausbuddeln kann.

EA

Aufgabe 1: a) *Warum sollte eine Wattwanderung nur mit erfahrenen Watt-Führern durchgeführt werden? Nenne einige Beispiele.*

____

____

____

b) *Nenne einige Dinge, der man auf einer Wattwanderung begegnet.*

____

____

____

c) *Warum sollte man im Schlick besser feste Schuhe tragen?*

____

d) *Und wo ist bequemes Barfußlaufen möglich?*

____

KOHL VERLAG Lernwerkstatt WATTENMEER Ein Lebensraum zwischen Ebbe und Flut – Bestell-Nr. 12 016

XIII. Sturmflut

Sturmflut

Wenn starker Wind mit Sturm- oder Orkanstärke größere Wassermassen gegen die Küste drückt, kommt es zu einer Sturmflut.

Sie wird unterteilt in:

leichte Sturmflut ⇨ 1,5 - 2,5 m über dem mittleren Hochwasser
schwere Sturmflut ⇨ 2,5 - 3,5 m über dem mittleren Hochwasser
sehr schwere Sturmflut ⇨ mehr als 3,5 m über dem mittleren Hochwasser

In der Geschichte der deutschen Nordseeküste gab es viele Sturmfluten, teilweise mit furchtbarem Ausgang. Gab es 1362 noch ca. 100.000 Tote bei einer schweren Sturmflut („Grote Mandränke“ genannt), wobei sogar ganze Ortschaften in der Nordsee versanken, kann man inzwischen die Menschen besser schützen. 1962 kam es in Hamburg zu einer schweren Sturmflut mit leider 315 Toten, als zahlreiche Stadtteile überflutet wurden. Orkanböen bis 200 km/h und meterhohe Wellen ließen viele Deiche brechen.

1990 wurden verschiedenen Behörden zusammengelegt, sodass seitdem das Bundesamt für Seeschifffahrt und Hydrographie (BSH) zuverlässig und rechtzeitig Sturmflutwarnungen veröffentlicht. Bei drohender Sturmflut verstärken die Bewohner die Deiche durch zusätzliche Sandsäcke und überwachen sie regelmäßig. Ortschaften an der Küste haben außerdem sogenannte Fluttore aus Metall, die geschlossen werden, um Überschwemmungen der dahinterliegenden Gebiete zu verhindern. Inzwischen wurden die Deiche so modernisiert, dass ihnen auch höhere Wellen nicht gefährlich werden können. Allerdings steigt infolge des Klimawandels der Meeresspiegel an, sodass auch die neuen Deiche irgendwann nicht mehr ausreichend sind.

Schon jetzt holt sich das Meer regelmäßig Teile der Nordseeinseln. Am stärksten betroffen ist Sylt, da diese Insel keinen Flachwasserbereich mit vorgelagerten Sandbänken hat. So reißen die starken Nordseewellen riesige Sandmassen mit sich. Nicht nur Strände verschwinden, sondern auch Küstengebiete, auf deren Steilkante Häuser stehen, drohen abzurutschen. Drei schmale Stellen auf Sylt (300 m bzw. 600 m breit) würden ohne Küstenschutz von der restlichen Insel abgetrennt werden.

Seit 1972 pumpen Baggerschiffe inzwischen jährlich aus dem offenen Meer ein Wasser-Sand-Gemisch in ihre Tanks. Sie transportieren es an Land und pumpen es mit Rohren auf den Strand. Dort wird der Sand dann von Planierraupen verteilt. Dieser Vorgang wird „Sandvorspülung“ genannt. Pro Jahr werden so zwischen 800.000 und 1.300.000 Kubikmeter Sand direkt auf den Strand bzw. als schützende Sandbank vorgespült. Da durch die Sturmfluten immer mehr Sand verlorengeht, wird inzwischen nun jedes Frühjahr nach den Winterstürmen Sand vorgespült. Das ist mit enormen Kosten verbunden (2014: Sylt 6,8 Mio. €, Schleswig-Holstein für alle Küstenschutzmaßnahmen 74,5 Mio. €), an denen sich auch die EU beteiligt.

Dennoch ist dieses Küstenschutzprojekt für alle Küstenbewohner (Mensch und Tier eingeschlossen) von großer Bedeutung.

EA

Aufgabe 1: *Wie wurde die verheerende Sturmflut von 1362 mit ca. 100.000 Toten auch genannt?*

____

Lernwerkstatt WATTENMEER
Ein Lebensraum zwischen Ebbe und Flut – Bestell-Nr. 12 016

XIII. Sturmflut

Aufgabe 2: EA

a) *Nenne die drei Stärken, in denen die Sturmflut unterteilt wird.*

b) *Was liegt bei einem Wasserstand von 1,90 m über dem mittleren Hochwasser vor?*

c) *Und was bei 3,75 m über dem mittleren Hochwasser?*

d) *Wovon spricht man bei einem Wasserstand von 2,60 m über dem mittleren Hochwasser?*

e) *Welche Behörde ist seit 1990 für Sturmflutwarnungen zuständig?*

f) *Das Meer holt sich nach und nach Teile der Nordseeinseln. Welche Insel ist davon am stärksten betroffen?*

g) *Als Beitrag zum Küstenschutz pumpen Baggerschiffe ein Wasser-Sand-Gemisch mit Rohren an den Strand. Wie wird dieser Vorgang genannt?*

XIV. Wattenmeer in Gefahr

Bedrohtes Wattenmeer

Auch das Wattenmeer kann durch verschiedene äußere Einflüsse in Gefahr geraten. Baumaßnahmen im Wattenmeer bedrohen die Natur:

Deichbau, Sperrwerke, Flussvertiefungen für größere Schiffe, Öl- und Gasförderung mit Pipelines und Kabelverlegungen für Strom und Internet führen dazu, dass die Natur darunter leidet und Tiere in ihrem Lebensraum gestört werden. Zudem führt das Militär Schießübungen im Wattenmeer durch. Die Tiefflieger verursachen Lärm und stören die Tiere.

Über die Flüsse gelangen giftige Abfallstoffe der Industrie und Düngemittel aus der Landwirtschaft ins Meer. So sammeln sich die Giftstoffe in der Nordsee und werden von den Tieren über die Nahrung aufgenommen. Krankheiten oder Missbildung können die Folge sein. Und auch wir Menschen sind davon indirekt betroffen, wenn wir Fisch und andere Meerestiere essen.

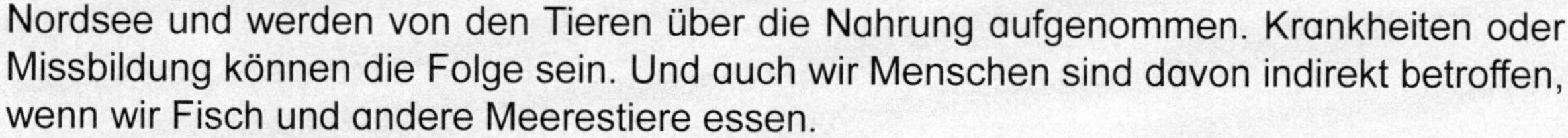

Auch der Fischfang bedroht das Wattenmeer. Viel zu viele Kutter fangen zu viele Fische und Muscheln – Nahrung, die den Seevögeln fehlt. Die meisten Fische werden bereits als Jungtiere gefangen, sodass kaum ein Fisch groß und alt werden kann. Die von vielen Fischkuttern benutzten Schleppnetze pflügen ständig den Meeresboden um. Schweinswale verheddern sich in den Netzmaschen der Stellnetze (eine Netzwand an zwei Seiten im Boden verankert) und ertrinken.

Frachter und Tanker leiten noch immer ihr Altöl ins Meer. 1998 ging der Frachter „Pallas" vor Amrum unter. Es folgte die schwerste Ölkatastrophe im Wattenmeer mit ca.15.000 toten Enten und 10.000 ölverschmierten Vögeln im Watt.

Die Erwärmung des Klimas führt zum Anstieg des Meeresspiegels. Große Teile des Wattenmeeres könnten dann ganz unter Wasser verschwinden. Viele Tiere und Pflanzen würden so ihren Lebensraum verlieren. Zudem verdrängen Tierarten, die sonst im wärmeren Meer leben, die einheimischen Tiere.

Achtlos weggeworfener Müll am Strand oder von Schiffen wie Getränkedosen oder Plastiktüten sind für die tierischen Bewohner tödlich. Durch die Kraft des Meeres wird der Plastikmüll zerkleinert und von vielen Fischen und Meeresvögeln aufgenommen. Jährlich werden geschätzt 20.000 Tonnen Müll (davon 75 % Plastik und Styropor) in der Nordsee entsorgt. Plastikteile werden von Seevögeln mit Nahrung verwechselt und versehentlich gefressen. Teilweise verfangen sie sich in Plastikringen und sterben qualvoll. 90 % der tot aufgefundenen Vögel haben Plastik im Magen. Weltweit sterben jährlich 1 Million Vögel und 100.000 Meeressäuger daran.

Plastik zersetzt sich erst nach 350 bis 400 Jahren völlig. Bis dahin zerfällt es in immer kleinere Teilchen. Wenn wir barfuß durch den Sand laufen, haben wir neben den Sandkörnern oft auch viele feine Plastikteilchen unter den Füßen. Diese Kleinstteilchen werden auch in Fischen, Muscheln und anderen Tieren gefunden, die letztlich auch wir Menschen beim Verzehr von Fisch aufnehmen.

Folglich ist nicht nur das Wattenmeer mit seinen pflanzlichen und tierischen Bewohnern gefährdet, sondern auch wir Menschen sind diesen Gefahren ausgesetzt.

EA

Aufgabe 1: *Wie viele Millionen Vögel und Meeressäuger sterben jährlich an Plastikmüll?*

____

Lernwerkstatt WATTENMEER
Ein Lebensraum zwischen Ebbe und Flut – Bestell-Nr. 12 016

XIV. Wattenmeer in Gefahr

EA

Aufgabe 2: *Das Wattenmeer gerät durch verschiedene Dinge in Gefahr. Findest du alle 11 versteckten Wörter zu diesem Thema?*

E	Z	T	E	N	P	P	E	L	H	C	S
M	O	C	F	B	H	C	Z	E	I	R	T
I	Y	K	F	A	M	N	H	T	R	L	Y
S	F	K	O	F	L	E	O	T	L	A	R
E	E	I	T	L	R	O	U	I	A	G	O
N	D	T	S	L	E	G	G	M	H	U	P
I	T	S	T	E	K	D	I	E	F	W	O
L	E	A	F	U	N	F	B	G	N	X	R
E	K	L	I	M	A	W	A	N	D	E	L
P	A	P	G	E	T	G	H	E	B	O	U
I	X	T	N	N	O	S	G	U	K	A	Z
P	L	A	E	R	M	P	A	D	I	E	Y

EA

Aufgabe 3: *Wie lange braucht es, bis sich Plastik zersetzt hat?*

____

EA

Aufgabe 4: *Wie viele Tonnen Müll werden etwa jährlich in der Nordsee entsorgt?*

a) ☐ 10.000 Tonnen **b)** ☐ 17.000 Tonnen

c) ☐ 20.000 Tonnen

PA

Aufgabe 5: *Fügt die geteilten Wörter sinnvoll zusammen.*

		Deine Zusammensetzungen:
Gift-	- teilchen	
Watten-	- mittel	
Dünge-	- fang	____________________
Fisch-	- vertiefung	
Öl-	- öl	____________________
Alt-	- stoffe	
Fluss-	- katastrophe	____________________
Plastik-	- tüten	
Kleinst-	- netze	____________________
Stell-	- meer	____________________

Lernwerkstatt WATTENMEER
Ein Lebensraum zwischen Ebbe und Flut – Bestell-Nr. 12 016

XIV. Wattenmeer in Gefahr

EA **Aufgabe 6**: *Kannst du einige Beispiele nennen, die das Wattenmeer bedrohen?*

EA **Aufgabe 7**: *Weißt du, warum auch die Gesundheit der Menschen bedroht ist, wenn im Meer Abfall schwimmt?*

EA **Aufgabe 8**: *Hast du schon einmal Müll am Strand, im Meer oder Fluss gesehen? Überlege, was man dagegen tun könnte.*

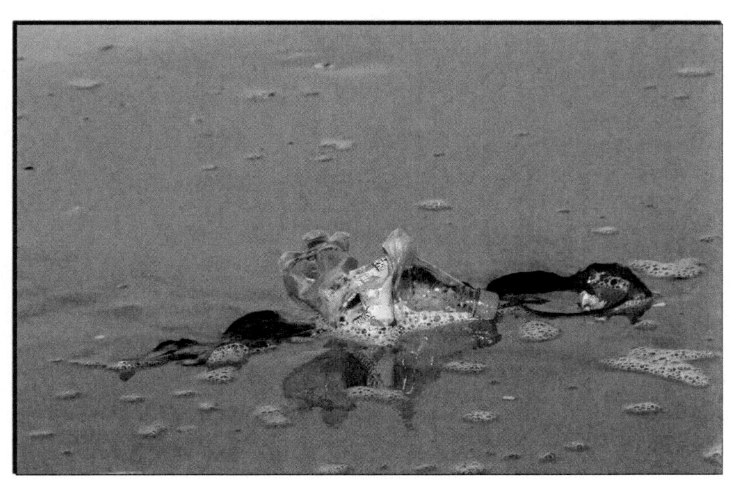

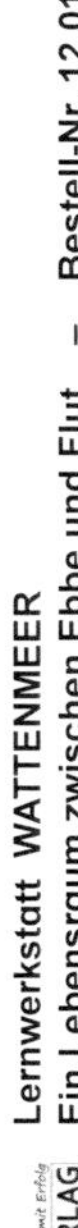

XV. Schutz und Erhaltung des Wattenmeeres

Was kann man tun?

Was können wir tun, damit das Wattenmeer mitsamt den Tieren und Pflanzen gesund bleibt? Wie können wir es schützen?

Nicht nur die Politiker können etwas tun, auch jeder Einzelne von uns kann einen kleinen Teil zur Erhaltung des Wattenmeeres bzw. aller Meere beitragen.

Viele landwirtschaftliche Erzeugnisse wie Obst und Gemüse werden noch mit Giftstoffen (Pestiziden) gedüngt. Diese Giftstoffe gelangen in Flüsse und letztendlich ins Meer. Deshalb sollten wir nach Möglichkeit nur noch Obst- und Gemüseprodukte kaufen, die nicht mit Pestiziden, sondern mit Naturdünger gedüngt wurden.

Bei Fischprodukten sollten wir darauf achten, dass sie mit dem Gütesiegel MSC gekennzeichnet sind. Diese Produkte kommen aus nachhaltiger Fischerei, was bedeutet, dass die Fischereimethoden Überfischung vermeiden und andere Fischarten und das Ökosystem (z.B. der Meeresboden) geschützt werden.

Generell wäre es gut, so wenig Abfall wie möglich zu produzieren und weniger Plastikprodukte zu nutzen. In vielen Dingen des alltäglichen Lebens (z.B. in vielen Zahnpasta-Sorten) sind winzige Plastikteilchen enthalten, die durch das Abwasser in die Flüsse und Meere gelangen.

Im Zuge der neuen Umweltschutzverordnungen werden nun auch Plastiktüten aus dem Handel verbannt bzw. kostenpflichtig. Eine wichtige Entscheidung, denn wir Menschen gehen viel zu leichtfertig mit Plastiktüten um. Der Pro-Kopf-Verbrauch lag 2015 in Deutschland durchschnittlich bei 71 Tüten (EU-weit sogar bei 198 Tüten). Dabei bieten sich z.B. mit Stoffbeuteln oder wiederverwendbaren Tragetaschen einige Alternativen an.

Sind wir als Tourist am Wattenmeer, wissen wir vielleicht gar nicht, dass wir mit unserem Lärm empfindliche Tiere stören. Kitesurfer dringen nicht selten in den Lebensraum der Tiere ein, engen ihn ein und stören so die Tiere.

Selbstverständlich nehmen wir unseren Abfall auch vom Strand wieder mit und entsorgen ihn in passende Mülleimer. Dennoch gibt es viele Unbelehrbare, die ihren Abfall am Strand liegen lassen, da sie einfach zu bequem sind, ihn zu entfernen.

Hier könnte folgendes Projekt als Vorbild dienen: Auf einer kleinen spanischen Balearen-Insel befinden sich am Strand speziell angefertigte Holzgestelle. Darin gibt es herausnehmbare leere Getränkedosen. Der Tourist nimmt sich eine Dose mit an seinen Platz, füllt sie dort mit seinem Abfall (z.B. Zigaretten-Reste), bringt sie schließlich gefüllt wieder zu den Holzgestellen und entleert sie in den vorgesehenen Müllbeutel. Bisher wurden auf der Insel nur gute Erfahrungen mit dieser Art von Umweltschutz gemacht. Die Strände sind viel sauberer geworden.

Auf einigen Inseln (z.B. Sylt und Juist) gibt es bereits Holzstege, die als Gehwege zum Strand dienen und auch durch verschiedene Regionen der Inseln führen. Sie wurden zum Schutz der empfindlichen Natur angelegt. Bleiben Menschen auf dem Weg, können die Pflanzen in Ruhe wachsen, ohne zertreten zu werden. Dort heimische Tiere können weiterhin ungestört und ohne Bedrohung in ihrem Lebensraum leben. Am Strand sind die Stege auch sehr sinnvoll. So werden Strandhafer und weitere dort vorkommende Pflanzen in den Dünen geschützt und können diese weiterhin festigen und somit das Land vor dem Meer schützen.

XV. Schutz und Erhaltung des Wattenmeeres

Auch dürfen wir nie die gekennzeichneten Wege im Naturschutzgebiet verlassen und dort keine Pflanzen pflücken.

Die Umwelt- und Wirtschaftspolitik spielt bei dem Schutz des Wattenmeeres eine sehr große Rolle. Sie muss dafür sorgen, dass:

- in der Landwirtschaft weniger Pestizide eingesetzt werden
- die Einleitung von Giftstoffen in Flüsse und Meere verhindert wird
- es bei der Öl- bzw. Gasförderung höhere Sicherheitsvorschriften gibt und die Förderung reduziert wird
- Tanker und Frachter keine Abfallstoffe mehr ins Meer leiten
- Fischerei und Schifffahrt in sensiblen Bereichen des Wattenmeeres beschränkt werden
- die Fischerei umwelt- und tierschützende Fangtechniken nutzt und sie stärker kontrolliert
- der Tourismus nicht die Tier- und Pflanzenwelt stört
- keine Militärübungen mehr über diesem Gebiet durchgeführt werden

Da viele dieser Dinge jedoch nur umsetzbar sind, wenn auch andere Länder sie durchführen, ist internationale Zusammenarbeit sehr wichtig.

Im August 2016 teilte die Hochschule für Angewandte Wissenschaften Hamburg mit, dass bei aktuellen Forschungen Folgendes festgestellt wurde:

Am Boden von Flüssen und Flachwasserzonen der Nord- und Ostsee befinden sich Unmengen von Mikroplastik, das höher als erwartet mit Schadstoffen belastet ist (u.a. mit krebserregendem PCB). Es muss also dringend gehandelt werden.

Hoffnung, dass noch nicht alles zu spät für die Weltmeere ist, macht eine Projektskizze des südkoreanischen Architekten Sung Jin Cho:

Sie zeigt einen Müllsammler „Seawer“ (sea = Meer; sewer = Abfluss) genannt, der wie ein Staubsauger das vermüllte Oberflächenwasser ansaugt und dann in mehreren Filterstufen verarbeitet, trennt und später zu Granulat umwandelt, das an die Kunststoffindustrie verkauft werden könnte. Schließlich verlässt das aufgesaugte Meerwasser sauber gereinigt diese Plastik-Recyclinganlage. Kalkuliert wird mit ca. 135 Tonnen Plastikmüll täglich, das so vernichtet werden könnte. Die eigene Energie bekommt die Anlage durch Solarenergie und Wasserkraft.

Noch ist es ein Zukunftsprojekt. Es sollte jedoch nicht allzu lange damit gewartet werden.

Um die Natur besser zu schützen, könnte der Nationalpark Wattenmeer vergrößert werden.

Da zudem auch der Klimawandel den Meeresspiegel ansteigen lässt, müssen schon in naher Zukunft Maßnahmen zur Anpassung des Wattenmeeres durchgeführt werden, damit das Wattenmeer so bestehen bleibt, wie es sein sollte:

Ein einzigartiger Lebensraum für eine einzigartige Tier- und Pflanzenwelt, den wir Menschen schützen müssen, weil er sich nicht selbst schützen kann.

KOHL VERLAG Lernwerkstatt WATTENMEER Ein Lebensraum zwischen Ebbe und Flut – Bestell-Nr. 12 016

XVI. Fachbegriffe – Erklärungen – Glossar

Was bedeutet das?

Ebbe:	Phase des ablaufenden Wassers
Eulitorale Zone:	das Watt
Flut:	das Ansteigen des Wassers
Lore:	dieselbetriebene kleine Schmalspurbahn, die Halligen mit dem Festland über einen sogenannten Lorendamm verbindet
Plankton:	Sammelbegriff für eine Vielzahl von Kleinstlebewesen, die fast nur mit dem Mikroskop zu erkennen sind. Plankton treibt knapp unter der Wasseroberfläche. Es bewegt sich mit der Strömung. 1 Liter Meerwasser kann mehr als 500 Millionen Plankton-Lebewesen enthalten.
Priel:	natürlicher Wasserlauf im Watt, der selbst bei Ebbe selten trocken fällt
Sandbank:	Ablagerung von großen Sandmengen vor der Küste, ragt selbst bei Flut teilweise aus dem Meer heraus
Sublitorale Zone:	Bereich, der sich dauerhaft unter Wasser befindet
Supralitorale Zone:	die Salzwiesen
Tide/Gezeiten:	das regelmäßige Ansteigen und Absinken des Meeresspiegels (Flut) bis zum Hochwasser und das Fallen (Ebbe) bis zum Niedrigwasser
Warft/Wurt:	künstlich aufgeschütteter Erdhügel auf einer Hallig, auf der Häuser errichtet werden
Watt:	Gebiet, das bei Ebbe überwiegend trocken fällt und bei Flut unter Wasser steht

Lösungen

I. Lebensraum Wattenmeer

Aufgabe 1: Niederlande, Deutschland, Dänemark

Aufgabe 2: In der Nordsee

Aufgabe 3: 1998

Aufgabe 4: ... Nordfriesischen Inseln

Aufgabe 5:
a) Die Gezeiten bestehen aus Ebbe und Flut.
b) Borkum, Baltrum, Juist, Norderney, Langeoog, Wangerooge, Spiekeroog
c) Schleswig-Holstein, Hamburg, Niedersachsen

Aufgabe 6:
Waagerecht: Welle, Insel, Deich, Sturm, Meer, Alge, Robbe
Senkrecht: Amrum, Wind, Ebbe, Tide, Watt

A	W	E	L	L	E	V	Z	T	v
M	I	B	P	L	E	S	N	I	W
R	N	B	E	X	U	A	N	D	T
U	D	E	I	C	H	S	A	E	T
M	O	I	L	M	R	U	T	S	A
R	E	E	M	S	T	I	U	E	W
F	A	L	G	E	B	B	O	R	O

II. Die Gezeiten

Aufgabe 1: Gravitation

Aufgabe 2: Ein anderes Wort für Fliehkraft ist Zentrifugalkraft.

Aufgabe 3:
a) Ebbe, Flut
b) Diesen Unterschied nennt man Tidenhub.
c) Zu einer Springflut kommt es bei Vollmond und Neumond, da Mond und Sonne mit der Erde in einer Richtung stehen.
d) Im Zeitraum von ca. 24 Stunden und 50 Minuten.

III. Nationalpark Wattenmeer

Aufgabe 1:
a) Es gibt drei Schutzzonen im Wattenmeer.
b) Die größte Schutzzone ist 68,5 % groß.
c) Die Zone I ist am strengsten geschützt.
d) Die Zone III dient dem Mensch als Erholungsraum.
e) Der prozentuale Anteil der Zone III beträgt 0,5 %.

Aufgabe 2:
Zone I: Etwa 68,5 % des Wattenmeeres hat die Fläche der Zone I, ist am strengsten geschützt und darf ganzjährig nur in wenigen Bereichen betreten werden.
Zone II: Sie ist mit 31 % eine Zwischenzone, die ganzjährig mit Ausnahme bestimmter Vogelschutzgebiete betreten werden darf.
Zone III: Die Zone III ist mit nur 0,5% Flächenanteil die kleinste Zone und dient den Menschen zur Erholung (z.B. Badestrand).

Aufgabe 3:
a) 3
b) 1986
c) an die Niederlande
d) die Ostfriesischen Inseln
e) 3450 km^2
f) 54,5 %

Aufgabe 4:
a) Westen anstatt Osten
b) Niederlande anstatt Polen
c) Ostfriesischen Inseln anstatt Nordfriesischen Inseln
d) Wasserfläche; Watt anstatt Grünfläche und Wasser

Lösungen

III. Nationalpark Wattenmeer

Aufgabe 5: **a)** Die künstlich aufgeschüttete Insel heißt „Nigehörn".
b) Das Gründungsjahr des Nationalparks ist 1990.

Aufgabe 6: **a)** Die Wasserfläche des Nationalparks beträgt 97,7 %.
b) Die Gesamtfläche des Nationalparks beträgt 4410 km².

Aufgabe 7: **a)** ~~Nigehörn~~ ⇨ Scharhörn; **b)** ~~Weser~~ ⇨ Elbe; **c)** ~~kleinste~~ ⇨ größte;
d) ~~Ostfriesischen Inseln~~ ⇨ Nordfriesischen Inseln; **e)** ~~27,7 %~~ ⇨ 97,7 %, ~~geringe~~ ⇨ riesige

Aufgabe 8: **a)** für Brut- und Rastvögel **b)** Schleswig-Holsteinisches Wattenmeer
c) mit Dänemark **d)** Wasser

Aufgabe 9: Individuelle Lösungen.

IV. Inseln

Aufgabe 1: **a)** Auf Föhr leben mehr Tiere als Menschen.
b) Die Insel Amrum hat eine riesige Sandbank direkt vor ihrer Westküste.

Aufgabe 2: **a)** Schafe, Kühe, Pferde
b) der Hindenburgdamm
c) Die waldreichste Insel der deutschen Nordsee ist Amrum.
d) Föhr
e) Die Insel liegt bis zu einem Meter unter dem Meeresspiegel.
f) Der Deich auf Pellworm ist 25 km lang und 8,3 m hoch.
g) Sylt

Aufgabe 3: <u>In dieser Reihenfolge von oben nach unten</u>:
westlichste, größte, Pferdekutschen, Norderney, Autos, Weiße Düne

Aufgabe 4: **a)** Auf den Ostfriesischen Inseln befindet sich der Sandstrand an der offenen Meerseite.
b) Die Dünen liegen in der Mitte.
c) Das Wattenmeer beginnt dort im Süden zur Landseite.
d) Dort befindet sich die Kolonie der Silbermöwen.

Aufgabe 5: Individuelle Lösungen.

V. Halligen

Aufgabe 1: **a)** Nordfriesische Inseln; **b)** 10; **c)** mit der Lore; **d)** Langeneß
e) Sie gilt mit nur 17 Einwohnern als kleinste deutsche Gemeinde.

Aufgabe 2:

Hooge	Langeneß	Oland	Gröde	Hamburger Hallig
bekannteste Hallig, Sommerdeich	ca. 140 Bewohner, größte Hallig	5 km Lorendamm, nur 500 m breit	kleinste Gemeinde, nur 2 Warften	Brut- und Rastgebiet für Vögel, Verbindung mit dem Damm

Aufgabe 3: <u>In dieser Reihenfolge von oben nach unten</u>:
Warften/Wurten, Vögel, Südfall, Süderoog Norderoog und Habel, „Land unter", Vogelwart

Aufgabe 4: <u>Langeneß</u> ist mit 9,56 km² die größte Hallig, hat 18 Warften und ca. 140 Bewohner.
<u>Oland</u> ist 2 km lang und nur 500 m breit. 20 Menschen leben in 15 Häusern. 1924 wurde ein 5 km langer Lorendamm gebaut.
<u>Gröde</u> ist die kleinste Gemeinde Deutschlands, hat nur 2 Warften und ist nur mit dem Schiff zu erreichen.
<u>Nordstrandischmoor</u> ist nach vielen Überschwemmungen nur noch 1,75 km² groß.
<u>Hooge</u> ist die bekannteste Hallig, hat 10 bewohnte Warften, ca. 83 Bewohner und hat einen flachen Sommerdeich.
<u>Die Hamburger Hallig</u> ist eher eine Halbinsel, da sie seit 1859 durch einen Damm mit der Küste verbunden ist. Ihr Vorland ist ein riesiges Brut- und Rastgebiet für Vögel.
<u>Südfall</u>, <u>Süderoog</u>, <u>Norderoog</u> und <u>Habel</u> gehören zur Zone I. Auf Norderoog leben bis zu 50.000 Vögel. Auf Süderoog lebt ein Ehepaar ganzjährig. Auf Südfall und Habel leben Vogelwarte.

Lösungen

VI. Wattenmeer

Aufgabe 1: Richtige Aussagen: 2., 4., 5.
Korrigierte Aussagen:
1. Die eulitorale Zone nimmt 60 % der Wattenmeeroberfläche ein.
3. Die sublitorale Zone macht mit 35 % etwa ein Drittel des Wattenmeeres aus.
6. Die Salzwiesen haben mit 5 % einen geringen Anteil am Wattenmeer.

Aufgabe 2:
a) Es gibt Schlickwatt, Mischwatt und Sandwatt.
b) Dem Land am nächsten liegt der Schlickwatt.
c) Das sauerstoffreichste Watt ist der Sandwatt.
d) Das Schlickwatt hat den geringsten Sauerstoffgehalt.
e) Der Wassergehalt im Mischwatt beträgt 25 bis 50 %.

VII. Dünen

Aufgabe 1: Die Salzmiere und die Binsenquecke passen sich diesen extremen Bedingungen an.

Aufgabe 2:
a) Die Vordüne wird auch Primär genannt.
b) Weitere Dünenarten sind die Weißdüne (Sekundärdüne) und die Graudüne (Tertiärdüne).

Aufgabe 3: 10-35 cm lange, dunkelgrüne Blätter mit glatter Unterseite

Aufgabe 4: Die Quelle rollt oft die Blätter ein.

Aufgabe 5: Einige Wasserdünen gibt es noch auf der Insel Sylt.

VIII. Deiche

Aufgabe 1:
a) Der oberste Teil des Deiches heißt Deichkrone.
b) Den untersten Bereich zum Inland hin nennt man Deichfuß.

Aufgabe 2: Individuelle Lösungen.

Aufgabe 3: aus Sand

Aufgabe 4:
a) Deiche sind zur Seeseite hin flach und lang auslaufend.
b) Die herannahenden Wellen haben so keinen extremen Widerstand und können ausrollen.

Aufgabe 5:
a) Schafe
b) Schafe halten das Gras kurz und dicht und treten mit den Pfoten das Erdreich fest.
c) Der Deich könnte aufweichen und brechen.

IX. Pflanzen

Aufgabe 1: Im Meer wachsen Algen (Blasentang und andere Tangarten) und Seegras.

Aufgabe 2: **b)** Seegraswiesen

Aufgabe 3: Das Seegras wird im tieferen Wasser durch Schleppnetze gefährdet.

Aufgabe 4:
- Das Seegras bildet Seegraswiesen.
- Der Blasentang besitzt Blasen aus Gas- und Sauerstoffgemisch.
- Die Algen leben freischwimmend im Meer.
- Schleppnetze zerstören Seegras.

Aufgabe 5:
a) Sehr beliebt ist die Strandaster mit ihren vielen Blüten.
b) Sie braucht als Ausgleich zum Salz auch Wasser, da sie sonst vertrocknen würde.
c) Sie entzieht dem Boden giftige Stoffe.

Aufgabe 6: In den Dünen gibt es Strandhafer, Stranddisteln, in den Vordünen wachsen Quecke und Salzmiere.

Lösungen

IX. Pflanzen

Aufgabe 7: **a)** wüstenähnlich **b)** mit seinem langen Wurzelwerk

Aufgabe 8: **a)** Stranddistel; **b)** Quecke; **c)** Salzmiere; **d)** Weißdüne; **e)** Wurzelwerk; **f)** Strandhafer; **g)** Pflanzenart; **h)** Überlebenskünstler

Aufgabe 9: Lösungswort: NORDSEE

Aufgabe 10:
a) der Strandhafer
b) Alge
c) Seegras
d) Schafe fressen das auf dem Deich wachsende Gras, so wird es kurz gehalten und der Deich wird gefestigt.

Aufgabe 11: Queller

Aufgabe 12: Individuelle Lösungen.

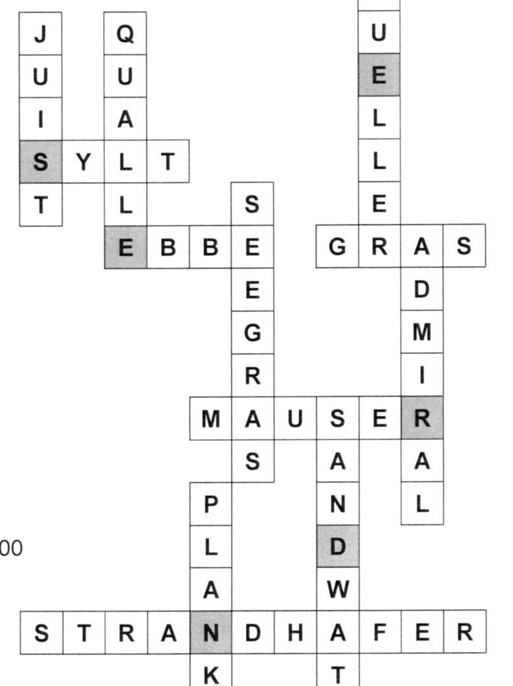

X. Tiere

Aufgabe 1: In der südlichen Nordsee gibt es ca. 30.000 bis 40.000 Schweinswale.

Aufgabe 2: Das Wattenmeer durchqueren Lachse, Meerforellen und Aale.

Aufgabe 3:
a) 11,5 Monate
b) im Winter
c) 150 Meter
d) 30 Min.

Aufgabe 4: bis zu 100.000

Aufgabe 5:
a) Der Wattwurm lebt im Mischwatt.
b) Die Strandkrabbe ernährt sich von Muscheln, Würmern, kleinen Krabben und Fischen.

Aufgabe 6: 2 Liter

Aufgabe 7:
a) Der Einsiedlerkrebs lebt in einem leeren Schneckenhaus.
b) Die Gemeine Napfschnecke ernährt sich von Algenbewuchs.

Aufgabe 8:
a) Salzkäfer, Schmetterlinge wie der Admiral und weitere Insekten, Vögel
b) Wegen des Klimas kann der Admiral nur in den südlichen Alpen überwintern.
c) Der Körper des Salzkäfers wird von seinem Chitinpanzer mit wasser- und salzhaltiger Schicht geschützt.
d) Der Salzkäfer bringt seine Vorräte in seine Wohnröhre im Boden.

Aufgabe 9:
a) Im feuchten Bereich der Dünentäler lebt die Kreuzkröte.
b) Es hat besonders kurze Hinterbeine. Hüpft nicht wie ein Frosch, sondern bewegt sich mausartig krabbelnd vorwärts.
c) In den Dünen kommen noch Käfer, Schmetterlinge oder dort brütende Vögel vor.

Aufgabe 10: **a)** Silbermöwe; **b)** Brandgans; **c)** Kreuzkröte; **d)** Schmetterling; **e)** Dünentäler; **f)** Käfer

Aufgabe 11: In dieser Reihenfolge von oben nach unten:
Frühjahr, Herbst, Austernfischer, Schnabel, Ebbe, Mauser, fliegen, Feinde

Aufgabe 12: In dieser Reihenfolge von oben nach unten:
Einsiedlerkrebs, Schneckenhaus, Wattwurm, Rüssel, 40 Minuten, Strandkrabbe, Steinen Alpenstrandläufer, Wasser, Tentakel

Aufgabe 13:
- Die Brandgänse kommen zum Federwechsel ins Wattenmeer.
- Die Silbermöwe ist ein Allesfresser.
- Der Alpenstrandläufer ist der häufigste Zugvogel im Wattenmeer.
- Während der Flut ziehen sich die Vögel auf die Rastplätze zurück.

Lösungen

X. Tiere

Aufgabe 14: In dieser Reihenfolge von oben nach unten:
Silbermöwe, Miesmuschel, Eiweißhaftfäden, Schafe, Wühlmäuse, Sandbänken, helles

Aufgabe 15: Schweinswal; Kreuzkröte; Salzkäfer; Seepocken; Miesmuschel; Einsiedlerkrebs; Napfschnecke; Wattwurm; Kegelrobbe; Stachelhäuter

Aufgabe 16:
a) großer Fisch / kleiner Fisch / Krebstier
b) Muschel / Schnecke / Krebstier / kleine Fische / Wurm
c) Krebstier / Vogel / kleiner Fisch
d) Krebstier / kleiner Fisch
e) Muschel / Schnecke / Krebstier / großer Fisch

XI. Menschen und das Wattenmeer

Aufgabe 1: Baltrum-Linie

Aufgabe 2:

Baltrum	Borkum	Norderney
Handwerker Max, Fähre, 500 Passagiere, Motorflugzeug, ehemaliger Schmied, Bollerwagen, Kapitän, Tourismus, 3x täglich	Fähre, Motorflugzeug, Tourismus	Fähre, Inselbote, Behördengänge/Einkäufe, Tourismus

Aufgabe 3: Zusammengehörende Paare: 1 - C; 2 - D; 3 - A; 4 - B

Aufgabe 4:
a) Die Hallig Oland hat sogar eine eigene Bücherei.
b) Die Hallig-Bewohner und Insulaner leben von Tourismus.
c) Viele Hallig-Bewohner kümmern sich um den Küstenschutz.

Aufgabe 5: Vorteile: Leben in der Natur; großer Zusammenhalt unter den Bewohnern; Schüler haben nahezu Privatunterricht; Ruhe, aber auch Belebung durch Tourismus

Nachteile: Abhängigkeit vom Wasserstand; schlechte Einkaufsmöglichkeiten; Sturmfluten; schwierige medizinische Versorgung; Schüler müssen später aufs Festland ins Internat; Einsamkeit

XII. Wattwanderung

Aufgabe 1:
a) Es muss immer ein erfahrener Watt-Führer dabei sein, da es ansonsten viel zu gefährlich wäre; bei aufkommender Flut werden Priele zuerst geflutet, so wird evtl. der Rückweg abgeschnitten; mangelnde Orientierung bei plötzlich aufziehendem Nebel.
b) Auf einer Wattwanderung kann man Muscheln, Krebsen, kleinen Fischen oder Wattwürmern begegnen.
c) Miesmuscheln können eventuell die Füße verletzen.
d) Bequemes Barfußlaufen ist im Sandwatt möglich.

XIII. Sturmflut

Aufgabe 1: Die verheerende Sturmflut von 1362 nannte man auch „Grote Mandränke".

Aufgabe 2:
a) Die Sturmflut wird unterteilt in leichte Sturmflut, schwere Sturmflut und sehr schwere Sturmflut.
b) Bei einem Wasserstand von 1,90 m über dem mittleren Hochwasser liegt eine leichte Sturmflut vor.
c) Bei 3,75 m über dem mittleren Hochwasser liegt eine sehr schwere Sturmflut vor.
d) Bei einem Wasserstand von 2,60 m über dem mittleren Hochwasser liegt eine schwere Sturmflut vor.
e) Für Sturmflutwarnungen ist seit 1990 das Bundesamt für Schifffahrt und Hydrographie (BSH) zuständig.
f) Am stärksten ist die Insel Sylt betroffen.
g) Dieser Vorgang wird Sandvorspülung genannt.

Lernwerkstatt WATTENMEER
Ein Lebensraum zwischen Ebbe und Flut – Bestell-Nr. 12 016
KOHL VERLAG

XIV. Wattenmeer in Gefahr

Aufgabe 1: Jährlich sterben etwa 1 Million Vögel und 100.000 Meeressäuger an Plastikmüll.

Aufgabe 2: Lösung siehe rechts.

Waagerecht: Schleppnetze, Altoel, Klimawandel, Laerm

Senkrecht: Pipelines, Plastik, Giftstoffe, Muell, Tanker, Duengemittel, Styropor

E	Z	T	E	N	P	P	E	L	H	C	S
M	O	C	F	B	H	C	Z	E	I	R	T
I	Y	K	F	A	M	N	H	T	R	L	Y
S	F	K	O	F	L	E	O	T	L	A	R
E	E	I	T	L	R	O	U	I	A	G	O
N	D	T	S	L	E	G	G	M	H	U	P
I	T	S	T	E	K	D	I	E	F	W	O
L	E	A	F	U	N	F	B	G	N	X	R
E	K	L	I	M	A	W	A	N	D	E	L
P	A	P	G	E	T	G	H	E	B	O	U
I	X	T	N	N	O	S	G	U	K	A	Z
P	L	A	E	R	M	P	A	D	I	E	Y

Aufgabe 3: Die Zersetzung von Plastik dauert 350 bis 400 Jahre.

Aufgabe 4: 20.000 Tonnen.

Aufgabe 5: Giftstoffe; Wattenmeer; Düngemittel; Fischfang; Ölkatastrophe; Altöl; Flussvertiefung; Plastiktüten; Kleinstteilchen; Stellnetze

Aufgabe 6: Bedrohungen für das Wattenmeer sind z.B. Baumaßnahmen, Lärm durch Tiefflieger, giftige Abfallstoffe, Fischfang, Klimawandel oder Müll.

Aufgabe 7: Wir Menschen nehmen mit der Nahrungskette auch das Plastik auf.

Aufgabe 8: Individuelle Lösungen.

KOHL VERLAG Lernwerkstatt WATTENMEER Ein Lebensraum zwischen Ebbe und Flut – Bestell-Nr. 12 016

Gabriela Rosenwald

Die Europäische Union an Stationen

Übersichtliche Aufgabenkarten

Um nicht den Überblick über den Aufbau der EU – Parlament, Kommission, zwei Räte – zu verlieren, bietet der Band eine gute, auf Lernstationen aufgeteilte Struktur. Die Entwicklungsstufen (Verträge von damals 6 Gründungsmitgliedern bis heute zu den 27 Mitgliedsstaaten) werden nachvollzogen. Ein Schwerpunkt ist natürlich die Wirtschaft im einzelnen – Warenverkehrsfreiheit, gemeinsame Währung, offene Grenzen, ... Die Lernstationen vertiefen dabei die Themen unterschiedlich intensiv.

5 6 7 8 9 10

80 Seiten | 12 536 | ab 15,99 €

Gabriela Rosenwald

Europäische Union — Mehr als ein Staatenverbund!

Was genau ist die „EU", woraus setzt sie sich zusammen und was bewirkt sie eigentlich? Die Entstehung des Bündnisses und die Organe der EU werden näher beleuchtet. Ein Überblick über die Mitgliedsstaaten wird gegeben, die bestehende Wirtschaft und die Aussichten eines der größten Wirtschaftsräume der Welt werden unter die Lupe genommen.

5 6 7 8 9 10

72 Seiten | 11 601 | ab 14,99 € — PDF plus

Anne Scheller

Der Regenwald — Die grüne Lunge der Erde

Inhalt: Regenwald - was ist das? (unterschiedliche Waldarten, Länder mit Regenwald, Tropengürtel); Ökosystem tropischer Regenwald (Wetter, Wasserkreislauf, CO_2-Ausstoß); Pflanzen (Stockwerkbau); Tiere (Artenvielfalt); Zerstörung des tropischen Regenwaldes (Abholzung, Tropenholz) u.v.m.

5 6 7 8

64 Seiten | 10 950 | ab 13,49 € — PDF plus

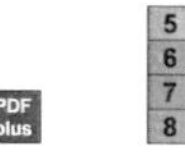

Lernwerkstatt Der Regenwald — Die grüne Lunge unserer Erde

Waldemar Mandzel

Bildimpulse zum Klimawandel

Kritisch hinterfragen - Eine eigene Meinung bilden

Der Band beinhaltet Bildimpulse in Form von Karikaturen, z.B. Waldrodung, CO_2, Baumsterben ... . Die Bilder eignen sich als Stundeneinstiege, als stille Impulse, zum fächerübergreifenden Einsatz usw., denn sie regen zum Nachdenken, Diskutieren und Schreiben an.

7 8 9 10 11-13

FARBIG | 40 Seiten | 12 399 | ab 17,49 €

Friedhelm Heitmann

Die Welt — Unser Planet unter die Lupe genommen

In diesem umfangreichen Band werden alle wichtigen Informationen und wissenswerte Grundlagen über unsere Erde vermittelt. Unter anderem die Entstehung von Tag und Nacht sowie den Jahreszeiten, die Klimazonen, das Erdinnere, die Himmelsrichtungen, die Kontinente, die Weltmeere sowie die Reichtumsverteilung.

5 6 7 8

100 Seiten | 10 979 | ab 15,99 € — PDF plus

Friedhelm Heitmann

Lernwerkstatt Weltraum

Was sind Planeten? Wie funktioniert unser Sonnensystem? Mond und Sonne – zwei geheimnisvolle Objekte? Diese und andere Fragen beantwortet diese Lernwerkstatt. Sie gibt einen fundierten Überblick rund um das Thema und geht auf alle wichtigen Bereiche informativ und schülergerecht ein.

5 6 7 8

64 Seiten | 11 197 | ab 14,49 € — PDF plus

Barbara Theuer

Planeten & Sterne

Vom Sonnensystem bis ins weite Universum

Schon immer haben die Menschen Himmel, Planeten und Sterne mit Begeisterung beobachtet. Der Band vermittelt viel spannendes und interessantes Wissen über das weite Universum.

5 6 7 8 9 10

96 Seiten | 11 935 | ab 17,49 €

Stefan Lamm

Wasser – Ein Streitthema

Warum die Ressource Wasser Kriege provoziert

Ob schmelzende Gletscher, radioaktiv verschmutztes Wasser, Wasser als Transportweg oder Wasserwiederaufbereitungsanlagen – es wird nur eine Frage der Zeit sein, bis wieder Kriege um das „echte Masse Gold der Erde" entfesselt werden ...

7 8 9 10 11-13

56 Seiten | 11 684 | ab 12,49 € — PDF plus

Gabriela Rosenwald

Plastik — Eine Gefahr für die Umwelt

NEU ab Dez.

Plastik hat es derzeit schwer. Es landet in den Mägen von Fischen und Vögeln. Es vermüllt die Umwelt. Trotzdem ist Plastik ein faszinierendes Material und vielseitig einsetzbar. Doch was ist Plastik genau und wie entsteht es? Diese Lernwerkstatt beschäftigt sich zunächst mit der Geschichte und der Entstehung von Plastik. Dessen Einsatz im Alltag hat unser Leben in vielerlei Hinsicht enorm erleichtert – und gleichzeitig aber gewaltige Probleme in Umwelt und Natur geschaffen, derer wir kaum noch Herr werden. Diese Schattenseite wird in diesem Band ebenso ausführlich mit spannenden Informationstexten und abwechslungsreichen Aufgabenstellungen erarbeitet. Topaktuelles Unterrichtsmaterial!

5 6 7 8

56 S. | 12 974 | ab 14,49 € — PDF plus

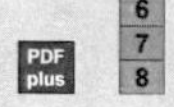

5.-8. Schuljahr — Gabriela Rosenwald

Lernwerkstatt Plastik — Eine Gefahr für die Umwelt

Vom Segen zum Fluch ... Warum Plastik Mensch und Tier bedroht

Andrea Schmidt

Der Klimawandel verändert unsere Welt

Flora, Fauna und Menschen unter Umwelteinflüssen

Der Klimawandel ist da, auch wenn manche ihn am liebsten totschweigen. Auswirkungen sind sichtbar, ob in Überschwemmungen, Dürreperioden oder Temperaturveränderungen. Die Ursachen zu kennen und sich der Folgen unüberlegten Handelns bewusst zu werden kann eine Chance sein, die verheerenden Auswirkungen aufzuhalten.

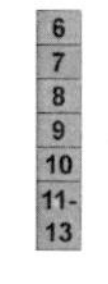

6 7 8 9 10 11-13

48 S. | 12 192 | ab 12,49 € — PDF plus

Ab 6. Schuljahr — Andrea Schmidt

Der Klimawandel verändert unsere Welt

Flora, Fauna und Mensch unter Umwelteinflüssen

Ursachen, Folgen und Chancen einer sich verändernden Welt

Wolfgang Wertenbroch

Klimawandel — Die Menschheit am Scheideweg?

Inhalt: Was ist Klima?; Spurengase und Treibhauseffekt (CO_2 im täglichen Leben. Der CO_2-Ausstoß muss sinken, Wie schwer ist CO_2?, Methan); Klimawandel als Folge des anthropogenen Treibhauseffektes (Einfluss auf Meere und Gletscher, Einfluss auf die bewegte Luft, Versuche zum Thema Luftdruck ...); Umgang mit Infos aus den Medien u.v.m.

5 6 7 8 9 10 11

60 Seiten | 10 812 | ab 14,99 € — PDF plus

Lernwerkstatt Klimawandel — Die Menschheit am Scheideweg?

Wolfgang Wertenbroch

Erderwärmung — Was wir Menschen tun können

Inhalt: Das Arktis-Eis schrumpft; Bäume & Staub gegen die Erderwärmung; Vom Wissen zum Handeln; In aller Munde: das CO_2; Wohin mit dem Kohlenstoffdioxid?; Landwirtschaft und Klima; Alternative Energiequellen; Lern- und Übungskarten u.v.m.

5 6 7 8 9 10 11

56 Seiten | 11 091 | ab 13,49 € — PDF plus

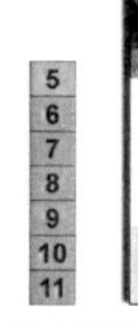

4.-11. Schuljahr — Lernwerkstatt Erderwärmung — Was wir Menschen dagegen tun können

Moritz Quast & Lynn-Sven Kohl

Das Wetter — Wie unser tägliches Wetter entsteht

Inhalt: Mensch und Tier sind wetterabhängig; Die vier Wetterzutaten: Luft, Sonne, Wind, Wasser; Extreme Wettererscheinungen; Wetterbericht; Wie entstehen Wettervorhersagen?; Messgeräte aller Art; Messgeräte selber bauen; Rätsel rund ums Wetter; Ideenkiste rund ums Wetter u.v.m.

5 6 7 8

40 Seiten | 10 661 | ab 12,49 € — PDF plus

3.-8. Schuljahr — M. Quast & L.-S. Kohl

Lernwerkstatt Das Wetter — Wie unser tägliches Wetter entsteht

Wolfgang Wertenbroch

Kreislauf des Wassers

Vom Grundwasser bis zum Wasserhahn

Inhalt: Wasser ist lebenswichtig; Was Wasser alles kann; Unser Körper und das Wasser; Der Kreislauf des Wassers; Wasser kann fest, flüssig oder gasförmig sein; Grundwasser; Das Wasserwerk; Trinkwasser u.v.m.

5 6 7 8

48 Seiten | 10 667 | ab 11,99 € — PDF plus

3.-8. Schuljahr — Wolfgang Wertenbroch

Lernwerkstatt Kreislauf des Wassers — Vom Grundwasser bis zum Wasserhahn

Rudi Lütgeharm

Wochenplan Erdkunde

Die Struktur der Wochenpläne vermittelt ganz klar, was an welchem Tag zu erledigen ist, die Kompetenzen Selbstorganisation und Ausdauer werden dabei gefördert. In kleinen Portionen werden hier die Bereiche Globus/Gradnetz/Pole, vom Luftbild zur Karte mit Maßstab/Symbolen, schnelles Zurechtfinden im Atlas, Deutschland/Europa politisch – Bundesländer, Staaten, Einwohner – und landschaftlich – Flüsse, Gebirge – abgedeckt.

NEU: Bald auch für die Klassen 7 und 8 erhältlich!

5 6 7 8

108 S.	Klasse 5	12 587	ab 18,49 €
116 S.	Klasse 6	12 588	ab 18,49 €
128 S.	Klasse 7	12 777	ab 21,49 €
116 S.	Klasse 8	12 778	ab 21,49 €

Rudi Lütgeharm

Stationenlernen Erdkunde

An jeder Station erhalten die Schüler ausführliche Angaben/Infos zum jeweiligen Thema, leicht verständliche Aufgabenstellungen sowie Arbeits- und Lösungsblätter. Unter Berücksichtigung der unterschiedlichen individuellen Voraussetzungen erfolgt eine differenzierte Gestaltung der Stationen.

5 6 7 8 9 10

72 S.	Klasse 5/6	12 328	ab 15,99 €
88 S.	Klasse 7/8	12 329	ab 16,49 €
88 S.	Klasse 9/10	12 330	ab 16,49 €

Friedhelm Heitmann

Erdkunde – Kurz, knapp & klar

Diese umfassenden Erdkunde-Arbeitsblätter vermitteln das wichtigste geographische Grundwissen. Es werden wichtige Bereiche erläutert und mit Arbeitsaufträgen oder Spielvarianten in der Gruppe gefestigt. Diese Materialsammlung gibt ein solch fundiertes geographisches Wissen, dass sie auch als Erdkunde-Portfolio oder als Erdkunde-Jahresmappe verwendet werden kann! Optimales Freiarbeitsmaterial zur Wiederholung und Auffrischung vorhandenen Lernstoffes.

5 6 7 8 9 10

92 Seiten	12 331	ab 17,49 €

Friedhelm Heitmann

Einfach Erdkunde

Elementares Wissen leicht erklärt

Verständlich formulierte Texte und Aufgaben helfen in diesem Band, elementare Kenntnisse im Fach Erdkunde zu vermitteln, festigen und zu kontrollieren. Neben umfassend vorbereiteten praktischen Übungen bietet das Werk ergänzende Tests und Lernzielkontrollen, die auch einen fachfremden Einsatz erleichtern.

5 6 7 8 9 10

76 Seiten	12 240	ab 15,99 €

FÖ PDF plus

Friedhelm Heitmann

Allgemeinwissen fördern ERDKUNDE

Grundkenntnisse fachgerecht in kleinen Portionen

Eine gute Allgemeinbildung ist wertvoll und sinnvoll. Doch leider fällt es vielen Jugendlichen durch den starken Einfluss der medialen Welt heute zunehmend schwerer, ihr Allgemeinwissen in mehreren Bereichen zu erweitern. Genau hier knüpft dieser Band an. Innerhalb des Fachbereiches vermittelt das Unterrichtsmaterial ein Basiswissen in kleinen Portionen, das dem Allgemeinwissen förderlich ist.

5 6 7 8 9 10

96 Seiten	11 600	ab 15,99 €

FÖ PDF plus

Rudi Lütgeharm

Die Erde – der *blaue* Planet

Ein ganz besonderer Planet im Sonnensystem

Schaubilder und Diagramme verdeutlichen die Verteilung von Wasser und Land und machen deutlich, warum die Erde „der blaue Planet" genannt wird. Die Schüler werden Schritt für Schritt mit unserem Sonnensystem – den Planeten, Monden, Asteroiden, Kometen – vertraut gemacht. Grafiken, Texte, Tabellen und Zahlen/Fakten ergänzen und veranschaulichen die einzelnen Kapitel.

5 6 7 8 9 10

52 Seiten	12 298	ab 13,49 €

Rudi Lütgeharm

Wochenplan Erdkunde / Klasse 9-10

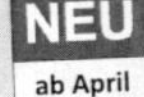

Die Struktur der Wochenpläne vermittelt ganz klar, was an welchem Tag zu erledigen ist, dabei werden die Kompetenzen Selbständigkeit, Selbstorganisation und Ausdauer gefördert. In übersehbaren Lernschritten werden hier die Themen und Inhalte Nord- und Südamerika – Lage, Größe und Gliederung – Länder, Hauptstädte und Einwohner – Flüsse und Gewässer – Gebirge und Berge – Klima und Vegetation – Nationalparks und Amazonas abgedeckt

100 Seiten	12 945	ab 19,99 €

9 10

Gabriela Rosenwald

Von den Alpen bis zur Küste

Unsere Heimat lässt sich nicht nur in Bundesländer aufteilen! Landschaften, Flüsse, Gebirge, Inseln, Orte und Geschichten regen zum Forschen & Entdecken an. Inhalt: Alpen; Schweiz; Österreich; Alpenvorland; Dreiländereck; Donau; Rhein; Mittelgebirge; Niederrhein; Ruhrgebiet; Nordsee; Ostsee u.v.m.

76 Seiten	11 581	ab 15,99 €

5 6

Gabriela Rosenwald

Die Alpen Das Gebirgsmassiv unter der Lupe

Die Alpen genießen große Bedeutung als Erholungsraum. Neben diesem touristischen Aspekt bietet dieser Band interessante und spannende Informationen und Aufgabenstellungen zu Entstehung, Alpenstaaten, Bevölkerung, Vegetation, Tierwelt, Landwirtschaft, Klimadiagrammen, Naturkatastrophen, Naturparks und Tourismus.

80 Seiten	12 072	ab 14,99 €

5 6 7

Andrea Schmidt

Wattenmeer Zwischen Ebbe und Flut

Das Wattenmeer ist eine der fruchtbarsten Naturlandschaften der Welt. Mit einer Wasseroberfläche von etwa 10.000 km² ist es das größte Ökosystem seiner Art, ein riesiger Nationalpark und Heimat vieler Tiere. Als herausragende und schützenswerte Naturlandschaft zählt es zum UNESCO-Weltnaturerbe. Das Buch bietet einen faszinierenden Einblick in dieses Naturphänomen.

64 Seiten	12 016	ab 14,99 €

5 6 7 8

Birgit Brandenburg

Lebensräume Mitteleuropas Vielfalt kennenlernen

Neben Küsten, Mittelgebirgen und Alpen bieten auch Städte, Parks, Wälder, Seen und Flüsse wichtige Lebensräume für Mensch und Tier. Dabei hat jeder Lebensraum seine eigenen Bedingungen, Vor- und Nachteile, die sich der Mensch zu Nutzen macht bzw. denen er sich unterordnen muss.

64 Seiten	12 041	ab 13,49 €

5

Tobias Vonderlehr

Klimazonen & Landschaften

Von der Taiga bis zum Regenwald

Von der polaren Zone über die gemäßigten Breiten bis hin zu den Tropen wird die globale Vielfalt kennengelernt. Die Lebensbedingungen unter den Naturgegebenheiten, Fauna & Vegetationen werden thematisiert. Die Landschaften der Gebirge, der Savannen und Wüsten werden ebenfalls behandelt.

56 Seiten	11 965	ab 13,49 €

PDF plus

5 6

Gabriela Rosenwald

Die Arktis als Lebensraum

Der Nordpol in Zeiten des Klimawandels

Inhalt: Arktis und Nordpol – Überblick; Die Arktis und der Nordpol; Menschen in der Arktis; Eisberge; Polarnacht und Sommersonnenwende; Vegetationszonen der Arktis; Tiere der Arktis; Vögel und Fische; Wasservorkommen auf unserer Erde; Probleme der Arktis u.v.m.

40 Seiten	11 880	ab 12,49 €

5 6 7

Gabriela Rosenwald

Arktis und Antarktis

Die Eiskontinente kennenlernen

Arktis und Antarktis weisen Gemeinsamkeiten, aber auch deutliche Unterschiede auf. Beide Regionen zeichnen sich durch extreme klimatische Bedingungen aus. Dennoch gibt es deutliche ökologische Differenzen. Die Pole der Erde haben dabei weit mehr zu bieten als nur Kälte!

52 Seiten	11 914	ab 13,49 €

6 7 8 9 10 11 13